Ella Brandt & Katrin Fuchs

Legt doch mal das Ding weg!

**Vom Versuch, unsere Digital Natives
zum verantwortungsvollen Umgang
mit Smartphone & Co. zu erziehen**

INHALT

DER BEGINN EINER WUNDERBAREN FREUNDSCHAFT

Lange waren wir beide, Ella und Katrin, Einzelkämpferinnen gegen den digitalen Wahnsinn. Doch alles änderte sich an einem verregneten Montagnachmittag, als wir uns auf einem Parkplatz wiedertrafen. Vor gefühlt zwanzig Jahren hatten wir einmal in benachbarten Büros gesessen, uns aber aus den Augen verloren. Da wir beide nicht nur in derselben Stadt leben, sondern auch denselben Beruf haben, ist das etwas merkwürdig. Doch irgendwie hatten wir nie genug Zeit, um uns um ein ausführliches Wiedersehen zu kümmern. Mit kleinen Kindern gab es immer Wichtigeres zu tun. Bis zu diesem Tag.

Ich bin Ella, Mutter von Ben und den Zwillingen Elias und Jonas. Katrin ist die Mutter von Max und Alex.

EIN UNVERHOFFTES WIEDERSEHEN

Unser Wiedersehen verlief so: »Gib mir dein Handy!«, brüllte ich Jonas aus der geöffneten Fahrertür hinterher. Klar, dass er so tat, als hätte er nichts gehört.

Ich sprang aus dem Auto und lief in den Regen hinaus. Als ich ihn endlich eingeholt hatte, drückte er mir wütend sein Handy in die Hand. Dann trabte er, ohne mich eines weiteren Blickes zu würdigen, seinem Bruder Elias hinterher in die Sporthalle zum Handballtraining.

»Irgendwann wirst du mir das noch danken«, dachte ich und starrte auf meine durchnässten Schuhe. Plötzlich hörte ich eine bekannte Stimme hinter mir: »Na, so was! Ella, was machst du denn hier?« Die Stimme kennst du doch, dachte ich, als ich mich umdrehte. Und tatsächlich, da stand Katrin. Statt ihre Frage zu beantworten, hielt ich Jonas Handy hoch.

»Am liebsten würde ich dieses blöde Ding hier direkt auf dem Parkplatz zerdeppern. Jedes Mal, wenn Jonas etwas ohne sein Handy machen soll, gibt es einen Kampf. Und das, obwohl er wirklich gerne Handball spielt.« Katrin starrte mich an. »Ist das bei euch auch so?«, fragte sie nur. Statt nach Hause zu fahren, gingen wir in ein Café und es stellte sich heraus: Auch Katrins Jungs würden, wenn man sie ließe, den ganzen Tag in ihren Zimmern herumliegen und kleine Bildschirme anstarren, freudig immer wieder dieselben Knöpfe drücken und so weiter. Wie das eigentlich alle Kinder zwischen acht und achtzehn Jahren tun, oder?

Ich war immer noch so sauer, dass es mir in diesem Moment völlig egal war, wie nass es wurde. Ja, sollte das Wasser doch ruhig in alle Ritzen dringen und das Ding kaputt machen!

Viele Eltern sind das dauernde Gekämpfe leid, geben auf und lassen die Dinger ihr ganzes Leben bestimmen. Wir beide waren uns schnell einig, dass wir etwas dagegen tun wollten, denn wir wurden beide gleichermaßen von diesen »Dingern« und unseren meistenteils anderen Vorstellungen von einem Leben für unsere Kinder an den Rand des Wahnsinns getrieben. Täglich, stündlich und in jeder Sekunde unseres Lebens.

DU BIST NICHT ALLEIN

So entstand die Idee zu diesem Projekt: Wir wollten unsere Erfahrungen und Methoden im Kampf gegen die Rund-um-die-

Uhr-Technik mit euch teilen. Denn wir wissen, dass wir beide nicht alleine sind. Im Gegenteil: Wir sind viele und haben Beratungsbedarf. Deshalb kleben wir vor dem Fernseher, wenn Manfred Spitzer oder der Chaos Computer Club ihre neuesten Erkenntnisse verbreiten. Wir lesen alle Erziehungsratgeber und gucken TV-Talkshows zum Thema. Wir tüfteln und probieren, um den Medienkonsum unserer Kinder einzuschränken, und das schon seit einiger Zeit, denn die Tipps von Experten bleiben oft seltsam unkonkret. Und wir wollten gemeinsam herausfinden, was wirklich funktioniert und uns eine digital-analoge Balance im Leben ermöglicht. Denn wir Eltern müssen lernen, damit zu leben, dass die Dinger da sind, und unsere Kinder sollen lernen, mit ihnen vernünftig umzugehen.

Wir laden euch deshalb ein, mitzukommen und uns auf dieser Tour durch den Wald aus Experten, Methoden, Strategien und Tipps zu begleiten, damit ihr den für euch richtigen Weg findet. Der mag nicht immer gradlinig sein, auch unsere Suche nach dem Königsweg gleicht einem Zickzackparcours. Unsere täglichen Tests im Kampf um elektronikfreie Minuten können als Beispiel dafür herhalten, wie man es machen sollte – oder eben nicht. Und unser tägliches Scheitern kann euch Mut machen, es trotzdem zu versuchen, sich von der allgegenwärtigen Digitalisierung nicht das Leben diktieren zu lassen. Schaut uns beim Verlieren, Ringen und auch mal beim Gewinnen zu. **Und wenn ihr selbst eine bessere Lösung gefunden habt, lasst uns das unbedingt wissen.**

DIE PROTAGONISTEN IN DIESEM BUCH:

Wir schreiben aus zwei Perspektiven, der von Familie Brandt: Ella & Carl mit Ben, Jonas & Elias und der von Familie Fuchs: Katrin & Stefan mit Alex & Max.

Wie alles anfing ...

Wie Spielkonsolen und Smartphones in unseren Familien ihren Siegeszug antreten. Nach dem ersten elektronischen Weihnachten, einem ungewöhnlich ruhigen Fest mit friedlich beschäftigten Kindern, macht sich ein gewisses Unbehagen breit: Während andere Eltern es locker sehen, wollen wir handeln. Aber warum stellen wir Mütter uns eigentlich so an? (Und warum sind Väter da anders?) Kämpfen hier Analog-Dinos gegen Digital Natives? Wir klären, dass das Normale nicht immer auch etwas Gutes sein muss und was ein Erziehungsauftrag bedeutet. Schlussendlich: Ein antidigitaler Plan muss her.
Aber welcher?

MOBILE MOBILMACHUNG

Mich, Ella, hat es sozusagen kalt erwischt. Eines Novembermittwochs vor ein paar Jahren schwappte die digitale Welt unvermittelt in unser Familienleben. Ben, damals im dritten Schuljahr, stand etwas früher als sonst vor der Tür: »Mama, weißt du ...« Weiter kam er nicht, schon im Flur kullerten die ersten Tränen. Ich bleibe normalerweise cool, denn meiner Überzeugung nach müssen Eltern eher den gelassenen Gegenpol geben, wenn das Kind schon weint. Aber hier schien es wirklich etwas Ernsteres zu sein. Er schluchzte geradezu. Wer will schon sein eigenes Kind so weinen sehen?

Also ich nicht. Er schien unverletzt, was war bloß passiert?

ALLE HABEN EINS, MAMA!

Nachdem er sich bei einer Tasse Kakao etwas beruhigt hatte und die Tränen getrocknet waren, bestimmte nun ein unendlich verzweifelter Blick seine nach wie vor kummervolle Miene: »Mama, wir haben eine Umfrage gemacht, und alle haben eins, nur ich nicht!« Es dauerte eine Weile, bis ich verstand, dass er von einer Spielkonsole sprach. Geräte wie Nintendo DS, Playstation und Gameboy gehörten in der Klasse zum Alltag (selbst wenn sie in der Schule nicht benutzt werden durften) und die aufgeschlossene Klassenlehrerin hatte das an diesem Tag mal in den Unterricht integriert.

Das Ergebnis des Klassenbrainstormings kam einem Vernichtungsschlag gegen meine pädagogischen Grundfesten gleich. Mein Kind wurde als einziges von 24 Schülern demnach mutwillig vom digitalen Paradies ferngehalten: Alle außer ihm besaßen ein elektronisches Spielgerät, wenn nicht gleich ein Smartphone. Manche hatten sogar mehrere Geräte. Und noch mal: Er war der Einzige in seiner Klasse! Tatsächlich. Normalerweise neigen Kinder in diesem Alter ja zu Übertreibungen. »Alle« sind meistens zwei, drei gute Freunde oder Freundinnen. Diesmal hieß »alle« wirklich »alle außer Ben«.

Bisher hatte ich alles elektronische Gerät aus dem Kinderzimmer ferngehalten und war auch stolz darauf, es hatte bis zu diesem Zeitpunkt in unserem Haushalt auch keine bimmelnden Plastikspielzeuge gegeben (okay, bis auf ein Geschenk, das sofort entsorgt wurde, als die Batterie nachzulassen begann). Aber jetzt geriet dieser Stolz gewaltig ins Wanken, denn ich wollte keinen Außenseiter aus meinem Kind machen. Etwas später, am Elternsprechtag, sprach mich die Klassenlehrerin sogar noch einmal darauf an, wie sehr sich Ben doch so ein Ding wünschen würde.

Jetzt gab es kein Halten mehr. War ein solches Gerät schon seit Langem sein größter Wunsch gewesen, wurde es nun

Seit ungefähr eineinhalb Jahren hatte jeder Wunschzettel unseres erwartungsvollen Sohnes die Worte »Playstation« oder »Nintendo DS« enthalten. Groß geschrieben, rot umrandet und mit vielen Fehlern.

dieses Weihnachten zum einzigen Wunsch! Bisher konnten wir das irgendwo am Ende aufgelistete elektronische Gerät einfach ignorieren. Aber jetzt, kurz nach der Klassenumfrage, stand da nur noch: »Plestasion«.

Es war genau das passiert, was ich als Mutter nicht leiden kann, weil ich keinerlei Einfluss darauf habe: Die *peer group* hatte mobilgemacht. Der soziale Druck, den schon Grundschüler ausüben können, ist immens, das hatte ich hier zu spüren bekommen. Und die Moral von der Geschicht: Das Kind bekam zu Weihnachten sein Gerät, das heißt, wir alle bekamen es, Mama, Papa, Ben und seine beiden kleineren Brüder.

AUF DEM GIPFEL DER GLÜCKSELIGKEIT

Eine Playstation war damals der Gipfel der Glückseligkeit und meiner Ansicht nach das kleinste Übel: Das Kind konnte nicht allein in seinem Zimmer mit einem elektronischen Gerät vereinsamen, sondern würde wenigstens ganz kommunikativ mit seinen Brüdern lustige Spiele spielen. Einen großen Fürsprecher hatte Ben außerdem in seinem Papa, der genau so ein Gerät auch gerne haben wollte, um – ja wirklich – selber zu spielen. Und Filme gucken konnten wir damit auch. Eigentlich ein wunderbares Gerät, das so viel kann. Bald waren *Lego-Star-Wars*-Helden und die *Mods Nation Racers* auch in unserem Wohnzimmer Stammgast und die ganze Familie (außer mir, der Skeptikerin) raste mit kleinen Autos über virtuelle Rennbahnen zum Ziel.

Und wo *ein* Gerät ist, bekommt es bald Freunde. Denn die drei Jungs, Ben und seine kleinen Brüder Jonas und Elias, fanden die Playstation natürlich gut. Und zu jedem folgenden Geburtstag oder zu Weihnachten wünschten sich die Jungs weitere Devices. Smartphones kamen ins Haus und auch die PC-Kapazitäten wurden aufgestockt ...

STILLE NACHT 2.0

Bei uns kam das erste Gerät aus praktischen Erwägungen ins Haus. Es war wie bei vielen anderen auch: Irgendwo war ein Smartphone übrig, und bevor das in einer Schublade verschwindet, bekommt es ein Kind. Weil ein solches Gerät natürlich auch einen Nutzwert für die Eltern hat: Das Kind ist erreichbar und kann sich jederzeit eine Busverbindung suchen.

Anlass war die Klassenfahrt unseres damals zwölfjährigen Alex. Die Erdkunde- und Biolehrer hatten auf die Mitnehmliste neben Zahnbürste und Schlafanzug auch »Fotoapparat oder Foto-Handy« geschrieben. Man wollte Bäume und Gestein fotografieren und anschließend per PowerPoint Collagen erstellen und Referate halten. Man merkte, die Lehrer waren beide jung, technisch versiert und voller Tatendrang. Nur war Alex' Fotoapparat kaputt und das alte Handy hatte keine Kamera. Die Lösung des Problems lag bei meinem Mann Stefan im Schrank. Der hatte nämlich vor einer Weile einen Frustkauf getätigt und sich – zwar keine Schuhe, aber ein neues Smartphone gekauft! Das alte wurde dementsprechend nicht mehr gebraucht, war aber noch komplett funktiontüchtig und internetfähig. Alex konnte es also »erst mal« auf die Klassenfahrt mitnehmen, um seine Fotos zu machen. Ich muss nicht erwähnen, dass »erst mal« zum Dauerzustand wurde.

DIE SMARTPHONE-EINSCHLEICHUNG

Weil Alex nun ein guter Schüler ist, der mehrmals pro Woche zum Training geht und auch sonst nicht laut herumtönt, was er mit dem Gerät alles anstellte, fiel die schleichende Smartphone-nutzung keinem weiter auf. Keinem?

Doch. Einem. Und zwar dem jüngeren Bruder, der mit Argusaugen beobachtete, was Alex tat und wie lange. Und der dann seinerseits Ansprüche geltend machte. Natürlich kurz vor Weihnachten! Der Zeitpunkt war gut gewählt, denn so fehlten uns die Argumente, ihm ein Smartphone vorzuenthalten. Er war ja inzwischen fast so alt wie Alex, als der das Leihgerät vom Papa geerbt hatte. Dann war die Sache klar: Unter unserem Tannenbaum würde ein Smartphone liegen, die klassische Einstiegsdroge für Fünftklässler. Es war Maxis sehnlichster Weihnachtswunsch! Und wer traut sich zu sagen:»Ach, dein Bruder hat so ein Ding? Na, du kriegst jedenfalls keins«? Viel lieber hätte ich natürlich viel zu viel Geld für ein paar klitzekleine Plastiksteinchen aus Dänemark ausgegeben und dann zugesehen, wie Sohn, Papa und Opa auf dem Fußboden sitzen und bis spät in die Nacht fluchend und Weingläser umstoßend Spielzeug zusammenbauen. Aber ich habe mich breitschlagen lassen – und der Kindsvater hat glücklich einen halben Samstag im Elektronikmarkt verbracht.

Was ein Handy alles können muss

Ich persönlich hatte ja ganz klare Wünsche, oder sagen wir Anforderungen: Das Smartphone für den Nachwuchs sollte ein paar grundlegende Sachen können, aber bitte nicht zu viele. Also, Maxi sollte schon Spiele spielen und Musik hören können und WhatsApp-fähig sein sollte es auch, sonst hätte man ihm ja auch Omas altes Klapphandy geben können. Aber – was mir wichtig war – er sollte nun nicht permanent bei YouTube oder sonstwo im Internet unterwegs sein können. Ach so, telefonieren musste er natürlich auch können und eine GPS-Ortung fand ich gut, dann konnte ich immer wissen, ob er bei seinem Freund am anderen Ende der Stadt gut angekommen war. War ich unbescheiden mit meinen Wünschen? High-End-Fotoqualität fand ich bei einem Elfjährigen nicht wichtig, der Papa allerdings schon. Ich wollte, dass das Gerät nicht so teuer aussah, damit es in der Schule nicht geklaut wurde, mein Mann dagegen fand, wenn schon, dann sollte das Ding auch was hermachen. Wir hatten offensichtlich unterschiedliche Vorstellungen ...

Die dunkle Bedrohung

Kurz vor dem vierten Advent, als ich mit den Nerven sowieso schon zu Fuß war, wegen des nahenden Festes, der Menüfolge, den immer neuen Fragen der Großeltern und der Limited-Edition-Barbie für mein Patenkind, brachte mein Mann tatsächlich eines schönen Abends das Ding mit nach Hause. Kaum waren die Kinder an diesem Freitagabend im Bett verschwunden, zog er mich mit verschwörerischem Lächeln – »Überraschung!« – ins Schlafzimmer und schloss die Tür. Ich dachte zunächst erfreut an ein abendliches Stündchen zu zweit allein, aber mein Göttergatte zog mit vielsagendem Lächeln eine Plastiktüte hervor, deren Aufschrift schon verriet, dass hier Elektronik statt Erotik angesagt war – und die mich ahnen ließ, dass die Stunde der dunklen Bedrohung durch allerlei digitale Gerätschaften unwiderruflich näher rückte.

In der Tüte lag das Smartphone für unseren Sohn. Es sei das Beste, was er finden konnte, erklärte er stolz. Wortreich begann er mir all die wunderbaren technischen Eigenschaften des Handys vorzustellen und versprach, es gleich für das Kind einzurichten, damit der Junge sofort loslegen konnte.

Alles so schön ruhig hier

Dabei wurde es ein schöner Weihnachtsabend, überhaupt ein friedliches Weihnachtsfest. Ruhig und entspannt. Okay, am ersten Weihnachtsfeiertag bei meinen Eltern stocherte Maxi ein bisschen im Essen herum. Statt aber wie sonst lange rumzumaulen und unter der Tischplatte seinem Bruder vors Knie zu treten, sagte er überaus wohlerzogen:

Klar war das okay. Es war sogar »Oma, ich bin noch sooo satt vom *hochwillkommen. Umso mehr,* Frühstück – und von deiner Scho*als gleich auch der große Bruder* kolade. Ist doch okay, wenn ich *Alex mit seinem Leihphone aufs* mich da aufs Sofa setze, während ihr *Sofa umzog. Und beide da* weiteresst, oder?« *sitzen blieben! Ohne Quengeln,* Wir waren im Weihnachtspara*ohne Meckern, ohne Streit,* dies: Oma aß mit Hingabe ihre Fo*ohne Lärm.* relle, Opa hielt Vorträge über den Klimawandel, mein Mann und ich lächelten uns glücklich an, ganz beseelt von unseren artigen Kindern. Am zweiten Weihnachtstag fragte ich mich zum ersten Mal, ob wir jetzt ein schlechtes Gewissen haben sollten. Max und Alex hatten sich jetzt zweieinhalb Tage eigentlich gar nicht bewegt, sie hatten nicht im weihnachtlich verschneiten Garten bei meinen Eltern gespielt und waren bei meiner Schwiegermutter nur vom Sofa aufgestanden, um mal aufs Klo zu gehen oder etwas zu trinken – aber ganz ehrlich: Im Grunde war ich hochzufrieden. Maxi spielte so schön, so friedlich mit seinem neuen Geschenk, dass es eine wahre Freude war. Es gab in den ganzen Weihnachtstagen nicht einen einzigen Streit.

WAS IST DAS BESTE
FÜR UNSERE KINDER?

Irgendwann zwischen Weihnachten und Neujahr fiel mein Cousin nebst Lebensgefährtin Doro bei uns ein, die sich als kinderlose Expertin insbesondere in Erziehungsdingen gerne mal zu Wort meldet. Und auch diesmal blieben wir nicht verschont. Kaum, dass Doro unser Wohnzimmer betreten und den Tannenbaum bewundert hatte, sagte sie:»Hör mal, da musst du aber aufpassen! Nicht, dass das einreißt!« Mit ausgestrecktem Zeigefinger wies sie auf Maxi, der seit dem Weihnachtsabend brav und artig auf dem Sofa saß und mit seinem Weihnachtsgeschenk spielte.

»Wenn das einmal losgeht! Bald spielt er Ballerspiele und dann läuft er mit sechzehn in der Schule Amok!«, setzte Doro noch einen drauf. Sie übertrieb natürlich maßlos. Doch natürlich graute auch mir vor dem Ende der Weihnachtsferien. Niemand würde dann mit meinem Sohn vor dem Gerät sitzen. Dafür würde ich mich jeden Nachmittag darum kümmern müssen, dass das Kind statt an sein Smartphone auch mal an seine Hausaufgaben dachte. Mir wurde klar, dass der Weihnachtsfrieden womöglich teuer erkauft war, dass unser Max nun ein Gerät besaß, das nicht nur Spielzeug war, sondern auch das Potenzial hatte, ganz etwas anderes zu werden: Zeitfresser, Verführer, Türöffner ins Internet, Ein-

Im Grunde wusste ich selbst, dass Max schon sehr lange vor dem Gerät hing. Aber mal ehrlich: Man kann dem Kind doch nicht gleich am zweiten Weihnachtstag sein Geschenk wieder wegnehmen!

stiegsdroge. Was mir noch nicht klar war: Wie konnte ich das Schlimmste verhindern oder zumindest weitgehend eindämmen? Wie, so fragte ich mich, können wir als Eltern die Kontrolle über den plötzlich möglichen Multimediakonsum behalten? Musste ich jetzt all diese schrecklichen Ballerspiele auch spielen, um meinem Kind den Weg durch virtuelle Welten zu weisen? Konnte *mir* vielleicht jemand mal den Weg weisen?

IST DOCH ALLES EASY!

Zufällig traf ich dann gegen Ende dieser Weihnachtsferien einen ehemaligen Klassenkameraden wieder. Der lebte in London, trug blonde Dreadlocks, arbeitete in der Musikbranche und hatte eine Multikulti-Patchworkfamilie. Also ziemlich das genaue Gegenteil von meinem Alltag.

»Hey! Easy!«, war sein Kommentar zum Smartphone- und PC-Konsum seiner Kinder. Er war ein Kindskopf geblieben, hatte sein Hobby zum Beruf gemacht und liebte es, mit seinem Nachwuchs gemeinsam am Computer zu spielen. Es stellte sich heraus, dass seine Kinder im Alter zwischen fünf und fünfzehn schlicht alles durften, und zwar immer und jederzeit. Außerdem besaß die Familie ein ganzes Arsenal von Laptops, iPads, iPods und Smartphones.

Kurz vor Mitternacht schickte seine achtjährige Tochter ein paar lustige Filmchen. Ich schaute erst mal unbewusst auf die Uhr, bevor ich mir die tatsächlich witzigen Videos anschaute, die Michi stolz herumzeigte. Als ich ihm aber sagte, wie wenig toll ich es fand, dass eine Achtjährige völlig unbeaufsichtigt nächtliche Streifzüge durch das Internet unternahm, sah Michi – den seine Kinder übrigens Mike nennen – mich mitleidig über den Rand seines Bierglases an. »Meine Kids sind prima auf das Leben vorbereitet. Du willst doch deine Kinder nicht ausgrenzen und von Informationen fernhalten?«

MUTTER, VÖLLIG RATLOS

Ich fühlte mich wie eine Flipperkugel, die zwischen zwei Polen hin und her tickert. Die einen warfen mir Fahrlässigkeit vor, weil mein Kind am Smartphone spielt, und andere fanden, ich würde meine Jungs nicht gut genug auf ihre Zukunft vorbereiten. Die Wahrheit liegt wohl, wie immer, irgendwo in der Mitte. Zumindest hätte ich sie gerne da. Ich möchte – wie jeder – natürlich alles: Ich möchte meine Kinder, wenn sie achtzehn sind, als verantwortungsbewusste, gut vorbereitete junge Menschen in das Leben entlassen und keine computersüchtigen Amokschützen heranzüchten.

Natürlich können wir uns als Eltern hinsetzen und fasziniert zusehen, wie unsere Kinder schon im Kindergartenalter mit größter Selbstverständlichkeit am iPad hantieren und in atemberaubender Geschwindigkeit Smartphones und PCs beherrschen. Aber ist es eine Lösung, darauf zu vertrauen, dass Kinder irgendwann von alleine aufhören, auf digitalen Geräten herumzuhämmern, dass ihnen das Internet sowieso irgendwann langweilig werden wird? Einfach blind vertrauen? Viele Mütter neigen daraufhin eher zu besorgtem Eingreifen, so unsere Beobachtung, wogegen die meisten Väter gern alles interessiert laufen lassen, im Sinne von »hinein ins Abenteuer!«.

Es ist heute absolut normal, dass Grundschüler ein Smartphone besitzen. Das ist weder außergewöhnlich, noch regt sich irgendwer darüber auf. Aber ist das, was normal ist, also der Regelfall – ist das auch zwangsläufig gut?

Wir möchten unsere Kinder begleiten und ihnen die Welt zeigen. Es liegt in der Natur des Menschen, Dinge weiterzugeben zu wollen. Man kann aber nur weitergeben, was man kennt. Nun ja. Da stehen wir Eltern jetzt vor einer Generation von *Digital Natives*, von Kindern und Jugendlichen, die sich eine Welt ohne Internet, Smartphone, permanente Erreichbarkeit und überall verfügbare Informationen fast nicht mehr vorstellen können. Und wir stellen fest: Wir Eltern sind Technikdinos und als *Digital Immigrants* nicht in dieser Welt verwurzelt, die vielleicht selbst nicht genau wissen, wie bestimmte Spiele, Apps oder Gadgets funktionieren, und deshalb verunsichert sind. Und wir maßen uns an, ihnen die Welt erklären zu wollen? Na, herzlichen Glückwunsch.

Nicht nur, dass wir unseren Sprösslingen alles Mögliche zeigen wollen, das wir kennen und wissen. Wir haben auch einen im Grundgesetz verankerten Erziehungsauftrag, der so aussieht, dass wir verantwortungsbewusste, gemeinschaftsfähige und eigenverantwortliche Menschen ins Leben entlassen sollen.

Auf Mediennutzung heruntergebrochen könnte man sagen: Wir Eltern sollten dafür sorgen, dass die Jungs und Mädels nicht nur technisch versiert sind, sondern auch sozial verträglich, körperlich und seelisch gesund.

Hinzu kommt, dass wir als Eltern die Verantwortung für unsere Kinder tragen und für das, was sie tun. Und zwar ganz unromantisch juristisch. Wir sind nicht nur zuständig für ihr Wohlergehen, sondern haften im Zweifel dafür, wenn sie etwas anstellen.

Wege aus dem digitalen Dickicht

Um den richtigen Weg zu finden, wie wir die ewigen Konflikte um die Mediennutzung zu Hause, die bei uns wie in vielen anderen Familien zur Normalität geworden sind, beenden können, beschließen Ella und ich unterschiedliche Expertentipps und Methoden zu testen. Wir wollen wissen, was funktioniert und warum – oder warum nicht. Ob es eine Patentlösung für unser Problem gibt, die garantiert klappt, und was wir wirklich beachten müssen. Und ob es wirklich Methoden gibt, die sich für uns als gut und praktikabel herausstellen. Wir haben tausend Fragen.

Was, wenn der Strom ausfällt?

Wir schalten den Strom im Kinderzimmer ab
und fragen: Gibt es ein digitales Leben ohne Strom?
Was liegt zwischen komplett »Off« und ganztags »On«?
Wir checken umfangreichste Empfehlungen
der Bundeszentrale für gesundheitliche Aufklärung.

ERST MAL: FESTE DADDELZEITEN

Nach einem der vielen Elternabende zum Thema Mediennutzung von Minderjährigen haben wir uns, wie von den Experten empfohlen, mit unseren damals noch unter elf Jahre alten Kindern zusammengesetzt und ausführlich über die Nutzungszeiten elektronischer Spiel- und Kommunikationsgeräte (sprich: Smartphone, Tablet, Spielekonsole, TV und PC) geredet.

DEN KINDERN EIN VORBILD

Den Vortrag des eingeladenen Medienpädagogen haben wir unseren Kindern dann zu Hause noch einmal kurz zusammengefasst. Dass zwar elektronische und digitale Medien heute aus unserem Leben nicht wegzudenken sind, dass Kinder und Jugendliche den Umgang damit aber erst lernen müssen.

Meine, Katrins, Söhne nicken begeistert und kündigen an, »Computer« zu lernen und in zeitlich noch weiter Ferne (ab Klasse 8) Informatik belegen zu wollen. Dann würden sie das auch alles besser können und, und, und.

Ich muss sie enttäuschen und erkläre, dass dieses Lernen nicht in der Schule erfolgen kann, sondern dass die Eltern da verantwortlich sind – so hat es der Medienpädagoge gesagt. Und der muss es ja wissen. Er hat uns erklärt, die Eltern würden ihr Kind am besten kennen und könnten daher besser als andere beurteilen, wie sehr und wovor es sich ängstigt oder ob es eher hartgesotten ist, also wie viel Medienkonsum genau für ihr Kind richtig ist. Denn davon, wie viel Zeit ein Kind mit welchen Medien verbringt, hängt es ab, ob sich das Ganze negativ auf die Entwicklung auswirkt. Jubel bricht aus, als ich verkünde, der Medienpädagoge habe gesagt, dass Verbote keine Lösung sind.

Kein Spaß ohne Grenzen

In kindlicher Euphorie haben Alex und Max »kein Verbot« mit »Spaß ohne Grenzen« gleichgesetzt. Den Zahn muss ich ihnen aber leider sofort ziehen. »Äh, nee, Jungs!«, rufe ich. »Tut mir leid, aber wir werden uns jetzt mal an feste Daddelzeiten gewöhnen.« »Feste Zeiten?« Maxi starrt mich an. »So wie die Essenszeiten von Lenas Hund?«

In der Broschüre der Bundeszentrale für gesundheitliche Aufklärung werden für Grundschüler wie Max maximal 45 Minuten Bildschirmmedien empfohlen. Um gleich mal einen Puffer einzubauen, lege ich die tägliche Daddelzeit auf 30 Minuten fest. Für beide. Auf diese Weise will ich mir Spielraum verschaffen, denn selbst wenn sie überziehen, sind sie immer noch im tolerierbaren Zeitrahmen. Ich habe mal gelesen, dass das Straßenverkehrsamt die Geschwindigkeitsbegrenzung in einem Tunnel auf 70 km/h festgesetzt hat, obwohl 80 das Maximum waren. Da die Leute aber immer ein bisschen zu schnell fahren, hat man mit der 70 auf dem Schild und der 80 auf dem Tacho die Autofahrer genau da, wo man sie haben wollte. So ungefähr stelle ich mir das vor mit der Pufferzeit von 15 Minuten (die ich schon ziemlich üppig finde).

DAS IST VIEL ZU KURZ, MAMA!

Katrin ist viel konsequenter als ich. Bei mir lief das anders, eine fraglose Zustimmung gibt es hier bei uns zu Hause nicht. Aber ich habe es versucht. 30 Minuten Gerätenutzung am Tag, das wären ja, ich rechne es schön, immerhin dreieinhalb Stunden in der Woche. Ich erkläre ihnen, dass die Bundeszentrale für gesundheitliche Aufklärung das so vorgibt. Und dass ich mich gern danach richten möchte. Und sie sich demnach auch.

Kein Nicken. Nicht das erwünschte »Ja, Mama«. Der am Gespräch teilnehmende Ehemann sieht mich zweifelnd an und sagt nichts. Er steht Expertenmeinungen grundsätzlich skeptisch gegenüber.

Ein Level in 30 Minuten??

Sofort werden nämlich erste Bedenken geäußert: »Och nee, das ist viel zu kurz«, ist noch einer der milderen Sprüche. »Das geht doch nicht, in einer halben Stunde kann man doch kein Level zu Ende spielen!«, wird argumentiert. Ich tröste mit der Aussicht, dass sie sich ja Zeit aufheben können, zum Beispiel fürs Wochenende.

»Wir stellen die Uhr am Backofen ein und wenn die piepst, dann gebt ihr eure Geräte wieder an mich ab«, erkläre ich, was ich mir vorher ausgedacht habe, und spreche schließlich das Machtwort: »So machen wir das erst mal.«

»Aber ohne Fernsehen!«, kommt der unmittelbare Protest. Ich lasse mich also breitschlagen, um überhaupt irgendeine Art Einigung zu erreichen: »Okay, es zählt nur die Gerätezeit, Computer, Handy und so weiter, eine halbe Stunde pro Tag.«

Und um dem Ganzen noch etwas Flexibilität hinzuzufügen, dürfen sie sich bis zu zwei Stunden am Stück aufsparen.

WAS TUN, WENN ES NICHT FUNKTIONIERT?

Wie schon vorauszusehen, war die Anordnung »von oben« bei uns, Familie Brandt, gar nicht beliebt. Sozusagen schon in der allerersten halben Stunde zugestandener Spielzeit wird sie direkt unterlaufen: »Mama, nur das eine Level noch, dann bring ich's dir.« Darauf zu warten, kostet Nerven. Und das täglich und stets drei Mal in meinem Fall. Es staut sich auf, über Monate, in denen ich das Piepsen der Uhr schon nicht mehr hören kann. Jedes Mal weiß ich, jetzt werde ich wieder stundenlang verhandeln müssen, bis das Handy in die Schublade wandert oder der Rechner beziehungsweise die Playstation abgeschaltet wird.

TEST 0: KURZSCHLUSS

Eines Tages, wir praktizieren das Halbe-Stunden-Backofenuhr-System mehr schlecht als recht schon seit etwa einem Jahr, bin ich auf hundertachtzigtausend, denn wieder einmal rührt sich keiner der drei, als die Uhr piepst. Da schreite ich entschlossen und wütend zur Tat.

Ich bin so richtig in Rage, ich weiß, wie völlig unpädagogisch das ist. Aber ein reinigendes Gewitter tut not, ich gehe also in den Keller und schalte einfach den Strom bei den Kindern ab: Sicherungskasten auf, klack, Schalter für die Kinderzimmer umgelegt, Sicherungskasten zu. Wie einfach und schön. Im Affekt nutzt jeder die ihm zur Verfügung stehenden Mittel. Und natürlich bereue ich es gleich, denn Kurzschlusshandlungen reichen nicht weit. Aber der Strom ist nun erst mal weg. Und einen Rückzieher werde ich nicht machen.

Die Reaktionen folgen auf dem Fuße. In der letzten Dreiviertelstunde war es so ruhig im Haus gewesen. Zunächst höre ich nur Elias: »Mama, warum geht der Computer nicht wieder an?«, tönt es aus dem Kinderzimmer, »Maaamaa!«

Dann begreifen auch die beiden anderen, dass ihre Smartphone- und Laptopakkus nicht mehr ewig halten werden. Schließlich stehen alle drei vor dem Sofa im Wohnzimmer, wo ich so tue, als hätte ich mit dem allem nichts zu tun. Schnell habe ich mir eine Zeitung aufgeschlagen, um möglichst unbeteiligt zu wirken. »Ja, was ist denn?«, frage ich so unschuldig wie möglich und raschele mit den Seiten herum. »Mama, da stimmt was nicht, der Rechner ist plötzlich ausgegangen.« Und vorsichtig fragt Jonas: »Hast du da etwa irgendwas ausgestellt?«

»Wenn ihr die Geräte nicht selbst ausmachen wollt, muss ich das eben tun«, erkläre ich Ursache und Wirkung. Eigentlich habe ich keine sadistische Ader, aber gerade kommt es mir so vor, als würde ich hier eine gewisse Praxis erwerben. »Wo geht das denn wieder an?«, fragt Jonas schlau. Ben ist noch klüger und zieht daraufhin die richtigen Register: »Du musst den Strom wieder anstellen! Mein Laptopakku ist alle und ich muss gleich noch etwas für die Schule machen.« Ich sehe ihn streng an und halte das für ein sehr hergeholtes Moment, aber das Alarmwort »Hausaufgaben« leuchtet dennoch in meinem Inneren auf: »Was musst du denn da genau tun?«, frage ich. »So was recherchieren«, sagt er. »Aha«, stelle ich fest. »Und das muss heute sein?« »Jaaaa«, sagt Ben, was aber nicht so überzeugend klingt, denn lügen kann er nicht so gut.

Die erste Hürde ist genommen

Ich schaue demonstrativ zum Fenster hinaus, wo schönster Sonnenschein herrscht, und erkläre streng: »Draußen ist Superwetter. Ihr habt alle eure Spielzeit schon die ganze Woche überzogen. Also, raus mit euch, sonst bleibt der Strom aus.«

Murrend, aber doch ein wenig unter Schock ob des »akuten Stromausfalls« ziehen sich alle Jungs ihre Schuhe an, schnappen sich einen Ball und Wasserflaschen und verschwinden zum Fußballplatz. Ich schließe aufatmend die Haustür hinter ihnen und wische mir ein paar imaginäre Schweißtropfen von der Stirn. Geschafft!

FAZIT:

Als Schockmoment ist so ein Stromausfall wohl geeignet, aber keine dauerhafte Lösung des Problems. Morgen, spätestens übermorgen werden sie ihre Gerätezeit genauso überziehen wie heute. Und was, wenn sie älter werden? Noch sind zwei von den drei Jungs im besten Grundschulalter und Pubertät erst mal kein Thema. Mir ist außerdem völlig klar, dass es nicht lange dauern wird, bis meine Jungs in Erfahrung bringen, wie das alles zusammenhängt und vor allem: wo der geheime Schalter sitzt, der alle Geräte wieder zum Leuchten bringt.

Als ich Katrin später von meinem Blindtesterlebnis und den Reaktionen aller Beteiligten erzähle, entwickeln wir die Idee zu unserem ersten wirklich geplanten Test. Sie will jetzt den familiären Stromentzug auf die Spitze treiben und einen akuten Stromausfall bei Familie Fuchs in der gesamten Wohnung über zwei Tage ausprobieren. Denn um die Folgen der Gerätezwangsentwöhnung in aller Konsequenz zu sehen, findet sie, reicht ein schlapper Nachmittag nicht aus …

TEST 1: DIE GUTEN ALTEN ZEITEN …

»Man müsste ihnen einfach den Saft abdrehen!«, brummt Stefan eines Abends, als sich der Nachwuchs nach dem Abendessen verkrümelt und online geht. Angestachelt von Ellas Kurzschluss wollen wir den Plan umsetzen. Mal sehen, was die Kinder machen, wenn sie weder Smartphone noch PC noch iPod, Tablet oder Fernseher nutzen können, weil die Akkus leergelaufen sind und es keine funktionierende Ladestation gibt.

Die Gelegenheit ist günstig. Es sind noch Ferien, die meisten Schul- und Sportkumpel im Urlaub, die eigenen Großeltern wohnen weit weg, es ist also keiner da, bei dem man sich mal eben zum Aufladen einnisten könnte.

Wir simulieren eine Baustelle, erklären, irgendein kapitaler Vorfall am Sicherungskasten würde alles lahmlegen, den Nachbarn ginge es genauso. Nur in der Küche gibt es noch Strom. Da stehen nämlich Kühlschrank, Spülmaschine, Herd. Unsere Opferbereitschaft zugunsten dieses Experiments hat klare Grenzen, wir sind nicht bereit, auch den Inhalt des Eisschranks aufs Spiel zu setzen. In jedem Falle ist die Lage so, dass wir zwar Essen kochen und die Spülmaschine laufen lassen können – aber sonst nicht mehr viel geht. Diese Situation erkläre ich meinen Kindern, als sie aus dem Schwimmbad kommen. Meine Aufregung, mit der ich das erzähle, ist nicht gespielt, ich bin sehr gespannt, was passieren wird.

Vorbereitung ist alles!

Zunächst ist alles wie immer, die beiden Jungs lassen sich – völlig fertig vom anstrengenden Ferientag im Schwimmbad – auf ihre Betten fallen. Natürlich nicht alleine, sondern in Begleitung ihrer allgegenwärtigen Smartphones. Ich nutze den frühen Feierabend zum Zeitunglesen, werde dann aber mit der Zeit leicht nervös: So langsam müssten doch bei den Jungs die Akkus endlich leerlaufen? Gleich muss es so weit sein, dann brechen herrlich analoge Zeiten an. Ach was! Nicht nur analoge, wir reisen ins vorindustrielle Zeitalter. Wir werden gemeinsam Brettspiele spielen, Lieder singen, uns abends unterhalten, statt auf Bildschirme zu starren, womöglich sogar bei Kerzenschein Bücher lesen. So wie früher. Na ja, mehr so wie ganz, ganz früher in Opas Gartenhäuschen ...

»Mama, sag mal dein amazon-Passwort!« Ich traue meinen Ohren nicht. Wo verbringt man normalerweise seine letzten Onlineminuten? Doch da, wo es wichtig ist! Bester Freund, Freundin, Lieblingsspiel, Fußballnachrichten-App! Aber Alex? Mit den letzten Resten seines Akkus will er online shoppen? Jetzt will ich wissen, was er einkauft, und marschiere in sein Zimmer wie Napoleon. Ich staune nicht schlecht, denn was macht mein cleveres Kind? Es beschäftigt sich mit dem Ende des Stroms – und wo es neuen herbekommt!

Alex hat das solarbetriebene Miniauto, das der umweltbewusste Opa vor drei Jahren mal zu Weihnachten verschenkt hat, unterm Bett hervorgekramt und die Einzelteile im Zimmer verteilt. Er ist tatsächlich online, aber er surft nicht ziellos, sondern durchsucht die Website des Herstellers, wo er tatsächlich einen Bausatz für eine Solarladestation gefunden hat. Und die liegt preislich sogar im erschwinglichen Bereich für einen Dreizehnjährigen.

Ich weiß nicht genau, ob er ahnt, dass ich noch ein paar Ideen habe, um ihm den Strom zu kappen, oder ob er sich nur auf den geplanten Kurzurlaub bei Freunden im niederbayrischen Funkloch vorbereitet ...

Alex bestellt sich das Gerät, als sein Smartphoneakku noch genau zwei Prozent Saft hat und obwohl er weiß, dass es später eintreffen wird als die Handwerker, die irgendwo im Keller unseren imaginären Stromausfall beheben werden. »Man weiß ja nie!«, murmelt er.

FAZIT:

Alex und Max haben das Experiment anders gedeutet als wir. Wir dachten an alternative Freizeitbeschäftigung, die klugen Kinder an alternative Energien. Wir haben uns also selbst ins Knie geschossen – oder sind wir naiv? Nein, ich denke, Stefan und ich können prima damit leben, wenn es mal keinen Strom gibt. Die Generation unserer Kinder aber nicht. Das mag man finden, wie man will, aber wir lernen daraus: Digitales Dasein ist für unsere Kinder immer reizvoller als analoges. Kann uns die BZgA weiterhelfen? Wir hatten doch diese Broschüre ...

EMPFEHLUNGEN VON GANZ OBEN

So beschließen Ella und ich, uns die Homepage der Bundeszentrale für gesundheitliche Aufklärung selbst einmal anzuschauen. Gibt es da Hilfe? Um die Prioritäten unserer Kinder zu verändern? Dort sitzen doch wohl die Experten! Jedenfalls veranstalten sie Seminare und versprechen verlässliche und praktikable Tipps. Wie gut lassen die sich umsetzen?

Wir lesen uns in die Homepage der Bundeszentrale für gesundheitliche Aufklärung ein. Die Patentlösung für alle gibt es da leider auch nicht, aber immerhin viele Beispiele. Überall klingt durch, dass es die eine unproblematische Lösung wohl nicht gibt. Jeder muss seinen eigenen Weg finden, das ist hier der Tenor, dem wir natürlich zustimmen.

Was wir aber suchen, sind handfeste Tipps, todsichere Methoden und konkrete Hinweise, Zahlen, Anhaltspunkte – etwas, das uns spontan und nachhaltig hilft, das Daddelproblem unserer Kinder in den Griff zu bekommen. O je! Wir ahnen gleich, was das für ein Anspruch ist: Wir wollen es sofort und für alle Zeiten; wir wollen eine einfache Lösung für ein Problem, das die Betroffenen (unsere Kinder) gar nicht sehen.

Die Realität sieht so aus, dass die Jugend den Großteil ihrer Onlinezeit in sozialen Medien verbringt, dicht gefolgt von Computerspielen – und das Ganze per Smartphone. Die Bundeszentrale teilt darüber hinaus mit, dass Computerspiele Suchtpotenzial haben; erstens, weil es meist mehrere Levels gibt und die Spiele nicht zeitlich begrenzt sind; zweitens, weil sie auf einem Belohnungssystem basieren; drittens, weil die Spieler bei Onlinespielen gegeneinander spielen können, und viertens, weil Parallelwelten eine Faszination auf Pubertierende ausüben.

Die eigentliche Frage ist doch: Wie kriege ich mein Kind dazu, nicht bei jeder Gelegenheit gleich das Ding in die Hand zu nehmen?

Man rät uns Eltern, mit unseren Kindern zu sprechen, Anteil an ihrer Freizeitgestaltung zu nehmen und Vereinbarungen über die Daddelzeit zu treffen. Ach so, und man möge alternative Freizeitangebote machen, wie etwa eine Radtour mit der ganzen Familie. Hurra! Welch eine Idee. Ich bin kurz davor, die BZgA anzurufen und nachzufragen, ob das schon mal jemand ausprobiert hat. Denn es geht ja nicht darum, was man stattdessen machen könnte, da haben wir Eltern meist ein paar gute Ideen auf Lager.

In den Bundeszentralempfehlungen findet sich sogar unser Strom-weg-Test, allerdings als Negativbeispiel. »In jedem Fall ist davon abzuraten, nach 60 Minuten den Stecker zu ziehen.« Allerdings leider ohne weitere ausführliche Erklärung, warum. Aber wir stimmen trotzdem zu, denn der Effekt unseres Tests war gleich null, wenn nicht minus eins. Und dann die ernüchternde Erkenntnis: Wir befinden uns hier scheinbar in einem Teufelskreis. Zum Mediengebrauch wird grundsätzlich das empfohlen, was wir schon praktiziert hatten: klare Vereinbarungen treffen. Regeln werden hier zum Retter ernannt.

Regeln, Regeln, Regeln?

Was wir aber tun sollen, wenn die Regeln nicht eingehalten werden, das bleibt in der Broschüre der BZgA offen. Sind wir etwa die Einzigen, bei denen das nicht funktioniert? Ich rufe eine Freundin an. »Wie läuft das mit den Regeln bei euch?«, frage ich. Andrea erzählt, dass es bei ihnen ganz schön schwierig ist: »Ich hab es versucht, aber Jan hält sich nicht dran, und deshalb gibt es einfach keine mehr. Ich finde ja auch, dass er zu viel spielt. Aber er lebt eben bei seinem Papa und der lässt ihn daddeln, wie er will.« »Und wenn er bei dir ist?«, frage ich. »Ja, sehr viel kann ich nicht machen«, sagt sie, »dann spielt er halt auch. In der Nacht holt er sich oft sein Handy und ist dann am nächsten Tag total unausgeschlafen.« Das finde ich schon ganz schön extrem und hake deshalb nach: „Und hast du denn mal versucht, da was zu ändern?« Aber sie winkt ab: »Glaub mir, toll finde ich das nicht, aber wenn ich da etwas sage, bin ich gleich die blöde Mama!«

Am Nachmittag erlebe ich das andere Extrem: Nach dem Training erzählt uns eine Handballmutter von ihrem Handy-Familienmanagement: »Ja, und dann hab ich die Handys erst mal für eine Woche weggesperrt, und danach gab es die Dinger nur noch am Wochenende für eine halbe Stunde, das war ja nicht mehr mit anzusehen. Furchtbar!« Kurz gesagt, unsere Frage wird auch hier nicht geklärt: *Wie* schließen wir den Abgrund, der zwischen unseren familiären Regeln zur Mediennutzung und ihrer Umsetzung liegt?

Wie erreichen wir es, dass unsere Kinder die analoge Welt spannender finden als die digitale? Wie nun genau setzen wir die Empfehlungen der BZgA in die Praxis um?

Legt doch mal das Ding weg!

Ist Mamas Apfelkuchen Motivation genug, um das Handy aus der Hand zu legen? Wir testen Bestechungsmöglichkeiten und Tricks, um die Kinder vom Sofa zu locken: Was aktiviert Pubertierende außer Pokémon-Go, ihre digitale Bewegungslosigkeit aufzugeben, und welche gesundheitlichen Folgen haben die dauerhaften Entspannungshaltungen und Co. überhaupt?

WIE IN DER WERBUNG

Ein gemütlich eingerichtetes Wohnzimmer, mehrere Familienmitglieder lümmeln in Sesseln. Es ist ruhig. Jeder scheint zufrieden mit einem elektronischen Gerät beschäftigt zu sein. Schwenk über einen schön gedeckten Tisch in die Küche: Gerade öffnet eine Frau die Ofenklappe und ein Duft nach Essen zieht weiter ins Wohnzimmer, erreicht die Menschen, die sich dort aufhalten. Der Effekt ist unglaublich: Alle Anwesenden erwachen aus ihrem digitalen Dornröschenschlaf und machen sich, vom Duft des Essens angezogen, auf den Weg zum Tisch, wo die versonnen lächelnde Mutter den Fertigmixauflauf auf den Tisch stellt. Glücklich strahlend serviert sie das Essen, alle essen und unterhalten sich angeregt. – Nächster Werbespot. Typisch, denke ich, dass das nur mit so einer klassischen Rollenverteilung funktioniert. Ein schöner Werbetraum. Aber in der Praxis?

SCHEIN UND SEIN

Ich, Ella, bin gleich beeindruckt von diesem Szenario. Die Zwillinge, die mit mir fernsehen, weniger. »Guckt mal«, sage ich, »was muss es denn bei uns zu essen geben, damit ihr alle sofort an den Tisch kommt?« »Keine Ahnung«, sagt Jonas pragmatisch, »wir mögen doch alle unterschiedliche Sachen gern!«

Die Szene aus dem Fernsehen, wohlgemerkt nur die Anfangssequenz, kommt mir ziemlich bekannt vor. Nachmittags kann jeder Besucher bei uns mehrere Kinder und Jugendliche antreffen, die wahlweise auf dem Sofa oder in ihrem Zimmer auf dem Bett liegen und mit ihrem Handy beschäftigt sind. Die ewig wiederholten Sätze wie »Leg doch mal das Ding weg! Fällt dir denn gar nichts anderes ein, was du machen kannst?« oder, etwas bemühter: »Habt ihr nicht noch Hausaufgaben auf, die heute noch erledigt werden müssen?« hören die Kinder schon gar nicht mehr. Auch Versuche, ein Gespräch anzuknüpfen, beispielsweise »Wie war es in der Schule?« oder »Was habt ihr heute noch vor?« werden höchstens mit »Mama, frag mich doch nicht so aus!« oder »Sei leise, ich will hier ein Video gucken!« beantwortet.

Hört mich jemand?

Ebenso ärgerlich ist es, wenn ich zum Essen rufe. Der eine muss noch das Level zu Ende spielen, der andere kann auf keinen Fall kommen, weil er sonst aus seinem Clan rausgeworfen wird oder Onlinestrafen bekommt. Und der Dritte kann erst in zehn Minuten speichern, weil sonst sein mühsam erarbeiteter Spielstand flöten geht. Selbst die sonst unschlagbare Methode, nämlich in kurzen Sätzen zu sprechen und klare Anweisungen zu geben, hat hier nichts ausrichten können. So ist die Lage. Ideen sind gefragt, wenn ich meine Kinder in die Realität zurückholen will, selbst wenn es ums Essen geht. Es gibt nur wenige Ausnahmen: Mein selbst gebackener Apfelkuchen geht natürlich immer. Sobald er dasteht, wollen alle ein Stück. Aber kaum sind die Kuchenteller leer, sind die Jungs wieder verschwunden. Wie weggezaubert. Und der Kuchen auch.

TEST 2: LIEBLINGSESSEN VS. DADDELSPIEL?

Um gegen die digitalen Reize anzukommen, muss schon etwas Besonderes her: Schokoladenfondue … Doch als ich diesen Vorschlag mache, herrscht nicht gleich Bombenstimmung. Obwohl Ben definitiv schokoladensüchtig ist. Denn der möchte lieber weiter an der Playstation spielen und nicht mit Mama zusammen Erdbeeren einkaufen gehen.

Zu dumm, dass analoge Annehmlichkeiten so viel Arbeit machen, denke ich mir. Ich habe die Wahl und entscheide mich, diesmal alles bereitzustellen. Und siehe da, es funktioniert: Es dauert zwar eine Weile, bis alle dabei sind, dann aber haben wir eine Menge Spaß, insbesondere, als frei nach »Asterix bei den Schweizern« Strafen für das Verlieren von Obststückchen in der Schokolade ausgedacht werden. Einmal in den Garten laufen und zurück, eine sehr fiese Grimasse schneiden und so weiter. Manchmal muss eine Mama eben auch ein wenig in Vorlage treten, denke ich da. Also – jederzeit wieder!

Schokofondue geht immer

Fondue aller Art, egal ob Schokoladen-, Käse-, Fleischfondue oder chinesischer Hotpot ist ein richtiges Familienevent: Alle sitzen an einem Tisch und essen aus einem Topf und reden, reden, reden. Und das für eine längere Zeit. Wenn man auf seine Gabel aufpassen muss oder mit der Auswahl der nächsten Leckerei beschäftigt ist, kann und möchte man auch gar nicht währenddessen aufs Handy schauen.

FAZIT:

Eins wird dennoch klar: Der Werbespot lässt sich so natürlich nicht nachstellen. Denn es ist in unserem Alltag einfach unwahrscheinlich, dass alle gleichzeitig ihr Gerät weglegen, keiner noch etwas zu Ende spielen will. Und auch, dass sich alle, als ob ein Schalter umgelegt wurde, fröhlich und entspannt zum Gespräch treffen.

WIE IN DER WERBUNG

Bestechung für Gamer

Nach dem Abendessen frage ich Ben, meinen Ältesten: »Was muss ich denn machen, damit ihr eure Geräte sofort aus der Hand legt, wenn ich euch beispielsweise zum Essen rufe?« »Hmm«, sagt er, »schwierig. Und ich finde es ja auch nicht gut, dass du immer so lange rufen musst. Aber ich kann nicht einfach so aufhören, ich habe letztens schon eine Sperre bekommen für ein Spiel, weil ich zu lange *afk* war, dann waren alle meine Onlinefreunde sauer auf mich, das war sehr blöd.« »Was ist denn *afk*?«, frage ich ahnungslos. »Afk heißt das, wenn man kurz nicht am Rechner ist, wusstest du das nicht?« Im Internet erfahre ich später, dass *afk* »away from keyboard« heißt, also »nicht an der Tastatur«.

»Weißt du was, Mama«, sagt er dann nach einigem Überlegen: »Du müsstest mir nur zehn Minuten Zeit lassen, also zehn Minuten vorher zum Essen rufen, dann schaffe ich das.«

Wir einigen uns darauf, es ab jetzt so zu versuchen. Und da wir schon gerade miteinander reden, hake ich weiter nach: »Fällt dir denn eigentlich etwas ein, was du besser findest als elektronische Spiele?« Seine Antwort ist sehr eindeutig: »Nö«, sagt er. »Da kommt erst mal lange nix.« Das macht mich nachdenklich. Und mir wird klar, dass auch ich mich ändern muss, wenn sich etwas ändern soll. Ich begreife plötzlich, dass ich zwar mit meinen Kindern spreche, wie das die Bundeszentrale auch rät, und das unaufhörlich, nur geht es meist um das, was sie *nicht* tun sollen. Das reicht aber nicht. Ich versuche also, mich ab sofort mehr dafür zu interessieren, was meine Kinder so unschlagbar gut finden. Darüber weiß ich nämlich, wenn ich ehrlich bin, ganz schön wenig. Ich werde demnächst einfach mehr nachfragen, was sie spielen, wie das Spiel geht, warum sie dies und das gut finden und so weiter. Trotzdem – es muss doch irgendetwas Analoges geben, das für unsere Kinder ebenso faszinierend ist wie ein YouTube-Video! Was müssen wir Eltern auffahren, was ist um so vieles reizvoller als die Beschäftigung mit virtuellen Welten? Welche Bestechungsmöglichkeiten haben wir? Geld zu bieten, finde ich unmoralisch. Mir wäre es zwar einiges wert, wenn meine Kinder es schaffen, ohne großes Insistieren »analoge« Dinge zu tun – wenigstens das Notwendigste, wie Hausaufgaben, Tischdienst und so weiter, ohne dass ich etwas dazu sagen muss. Aber wenn das bedeutet, dass ich mir immer neue Belohnungssysteme ausdenken muss, und auch noch mit den digitalen Belohnungsstrukturen konkurriere, wird das sicher schiefgehen.

ALTE RITUALE NEU ENTDECKT

Abends nach dem Zähneputzen gibt es bei uns ein Ritual: Dann wird vorgelesen. Immer noch – ja wirklich! Nicht lange, auch keine außergewöhnlichen Bücher, Kinderbücher eben. Aber obwohl man mit 13 Jahren auch alleine lesen können sollte und auch kann, ist das bei uns noch sehr gefragt. Die Jungs liegen im Bett und ich lese ein paar Seiten vor. Die Bücher suchen wir zusammen aus, Bedingung gibt es nur eine: Das Ganze findet ohne Smartphones statt, die sollen nämlich unten im Wohnzimmer, schön weit weg vom Bett, über Nacht am Ladegerät liegen. Das ist auch die einzige Regel, auf deren Einhaltung ich peinlich achte.

Für das Smartphone oder die neusten Whatsapp-Nachrichten interessiert sich dann keiner mehr. Dieses Vorleseritual hat die Macht, alles andere außer Kraft zu setzen.

MACHT DADDELN KRANK?

Katrin und ich bemerken mit Sorge, wie unsere Kinder neue Gewohnheiten einüben, so zum Beispiel, sich nach der Schule erst mal zur Entspannung Videos auf dem Smartphone anzuschauen oder eben mal den Rechner anzuschalten. Das täglich aufs Neue mit anzusehen, ruft bei uns ein starkes Unbehagen hervor. Die Folge ist, dass unsere Kinder sich über längere Zeitspannen sehr wenig bewegen. Aber was genau können diese einseitigen Entspannungshaltungen eigentlich anrichten? Was sagt die medizinische Forschung zu der digitalen Dauerbeanspruchung beziehungsweise Nichtbeanspruchung von Augen, Rücken, Armen und Händen und dem ganzen Körper?

KARNICKELAUGEN UND BLAUES LICHT

Was macht eigentlich das ständige Starren auf viel zu kleine Bilder mit uns? Viele Male sehe ich, Ella, mir die Augen meiner Kinder an, wenn sie sich für meine Begriffe zu lange mit dem Smartphone beschäftigt oder am Rechner gesessen haben. Das Weiße in den Augen sieht dann eher gräulich aus und manchmal sind auch deutlich rote Äderchen zu erkennen. Ein Grund mehr, die Medienzeit zu begrenzen, natürlich. Ich frage eine Augenärztin, wie es dazu kommt und was ich da tun kann, und sie beruhigt mich. Natürlich sei es nicht gut, zu lange auf den Bildschirm zu starren. Das Auge wird dann trocken, weil der Lidschlag in dieser Situation nicht oft genug stattfindet, die Augenflüssigkeit wird nicht oft genug verteilt. Aber sie meint, dass das keine dauerhaften Schädigungen hervorruft. Die Äderchen erweitern sich, das habe aber nichts mit dem Bildschirm zu tun, sagt sie. Wirklich nicht? Ich bin nicht sicher, ob ich sie richtig verstanden habe, und forsche weiter nach.

Meine Freundin Bettina erzählt mir von ihrem Augenarzt, der ganz anderer Ansicht ist. Er prophezeit, dass in Zukunft die Leute schon mit 30 den grauen Star bekommen und operiert werden müssen. Ich gerate leicht in Panik und will es genauer wissen: Die geringe Entfernung zum Gerät sei schuld und insbesondere das blaue Licht, das von Smartphone, Tablet und Laptop ausgeht, sei extrem schädlich, zitiert Bettina den Arzt. In mehreren Onlineartikeln erfahre ich außerdem noch, dass die blauen Wellenlängen im Licht der Bildschirme von Smartphone, Tablet und Co., wenn sie spätabends genutzt werden, nicht nur die Augen überbeanspruchen, sondern auch den Schlaf stören, weil sie die innere Uhr auf Wachsein programmieren und so der Tag-Nacht-Rhythmus durcheinanderkommt.

Immer mehr Brillenschlangen

Weltweit, auch in Deutschland, lese ich, nehmen die Kurzsichtigkeitserkrankungen stark zu, gut ein Drittel der Gesamtbevölkerung leidet schon darunter. Doch nicht, wie vermutet, ist allein das Smartphone schuld, sondern der dauerhafte Nahsehmodus sorgt dafür, dass sich das Auge an diesen Zustand anpasst und der Mensch dann kurzsichtig wird. Da sich das Auge bei Kindern noch ausbildet, ist das für sie besonders gefährlich.

Der gute Rat ist also: Lasst eure Kinder draußen spielen, so oft und so lange wie möglich, denn schon 40 Minuten pro Tag im Freien können das Risiko für eine Kurzsichtigkeit um fast ein Viertel reduzieren, wie eine Studie des Journal of the American Medical Association *belegt.*

Die Entstehung einer Kurzsichtigkeit aber wird nicht nur durch den geringen Abstand zum Buch oder Gerät begünstigt, sondern auch durch die Tatsache, dass sich die Kinder nicht oft genug im Freien aufhalten und so zu wenig Tageslicht bekommen. Beim Spielen draußen guckt man automatisch mal in die Ferne und verändert den Fokus. Das trainiert die Augenmuskulatur und entspannt sie gleichzeitig. Da Kinder heute meist viel länger auf den Bildschirm schauen als in ein Buch, sagt Frank Schaeffel vom Forschungsinstitut für Augenheilkunde der Universität Tübingen, sind Computer deshalb potenziell schlecht für die Augen.

DAS HANDY IN DER HOSENTASCHE

Morgens ist bei uns die Zeit knapp. Ben ist schon auf dem Weg zur Haustür, dreht sich nur noch einmal um, um sich von mir zu verabschieden. »Halt, warte mal, deine Hose hat ein Loch!«, sage ich. »Nee, Mama, ich muss jetzt los, wo denn überhaupt?«, fragt Ben. »Da, mitten auf dem Oberschenkel!« Ich zeige auf die Stelle. In Höhe der vorderen Hosentasche befindet sich ein kleines Loch, wo ein bisschen Bein durchguckt. »Das ist doch ganz klein, ich geh jetzt, sonst ist der Bus weg«, schließt Ben für sich das Gespräch ab. Ich bleibe nachdenklich zurück. Dieses Loch ist nämlich nicht einfach so als Materialfehler entstanden, sondern genau dort schabt jeden Tag viele Minuten die Kante des Handys am Stoff, weil mein Sohn es da aufbewahrt.

Riskante Strahlung

Das Thema lässt mich nicht mehr los. Jeder weiß doch, dass es Handystrahlen gibt und dass sie Schäden hervorrufen können. In seinem *Anti-Krebs-Buch* formuliert David Servan-Schreiber zehn Regeln für den sicheren Umgang mit Handys, und unter anderen auch, dass man das Handy nicht am Körper tragen soll, je größer der Abstand, desto besser. Aber sind Mobilgeräte heute nicht strahlenärmer angelegt, sodass gar nichts mehr passieren kann? Und was ist das überhaupt, Strahlung? Der SAR-Wert (SAR = spezifische Absorptionsrate) ist ein Maß für die Absorption von elektromagnetischen Feldern beispielsweise in biologischem Gewebe. So erwärmen sich Kopf und Ohr beim Telefonieren oder ein Bein durch die ständige Aktualisierung von Daten bei einem Handy in der Hosentasche. Physikalisch ausgedrückt sehen die Zusammenhänge so aus: Wird elektromagnetische Feldenergie in einem Körper absorbiert, führt dies stets zu dessen Erwärmung. Die spezifische Absorptionsrate wird als Leistung pro Masse in der Einheit W/kg ausgedrückt. So ist doch an der Tatsache nicht zu rütteln, dass auch in unserem Fall etwas erwärmt wird, was nicht unbedingt erwärmt werden sollte!

Da nur Handys und Smartphones verkauft werden dürfen – so die simple Rechnung der Hersteller –, die diesen Wert nicht überschreiten, gilt die Handystrahlung grundsätzlich als ungefährlich.

Auf der Homepage der Computerzeitschrift Chip *lerne ich, dass es daher Grenzwerte für Handys gibt, und zwar einen SAR-Wert von zwei Watt pro Kilogramm.*

Das mag einerseits an fehlenden Langzeitstudien liegen, andererseits vielleicht auch an erfolgreicher Lobbyarbeit. Jedenfalls gibt es tatsächlich noch keinen Nachweis dafür, dass Handystrahlungen schuld sind an Beschwerden wie Kopfschmerzen, Übelkeit, Erschöpfung, Bluthochdruck, Herzrasen, Hautveränderungen, Taubheitsgefühl, Tinnitus, Sehstörungen und vielen anderen mehr. Diese Auflistung der möglichen Gesundheitsrisiken beunruhigt mich jetzt doch und so suche ich weiter. Ich finde einen Link zum Bundesamt für Strahlenschutz, wo man auf einer endlosen Liste von Handys und Smartphones die Strahlungswerte wahrscheinlich jedes jemals produzierten Handys nachlesen kann. Dort wird übrigens zwischen dem SAR-Wert am Ohr und dem am Körper unterschieden.

TEST 3: EIN PLATZ FÜR SMARTPHONES

Für mich ist eins klar: Das Smartphone muss raus aus der Hosentasche, denn Risiko ist Risiko. Man setzt sich ja auch nicht auf die Mikrowelle. Ich rufe Katrin an. Ihre Söhne haben ihr Handy meist in der Schultasche dabei, sagt sie. Gute Idee, finde ich, doch meine Söhne lehnen diesen Vorschlag rundweg ab. Es würde dann geklaut und wäre deshalb direkt bei ihnen sicherer. Etwas Besseres fällt mir erst mal nicht ein. Immerhin, tröste ich mich schwach, wird wenigstens der Kopf-Handy-Kontakt nur im äußersten Notfall hergestellt, weil das Mobiltelefon meiner Kinder vorwiegend anders genutzt wird: zum WhatsApp-Lesen, zum Videos gucken und zum Spielen ...

Trotzdem gebe ich nicht auf und rede, rede, rede über Handystrahlen und was die anrichten können, bitte meine Jungs, das Handy wenigstens in die Jackentasche zu stecken. Mein bestes und wirksamstes Argument ist, dass ich gerne irgendwann in ferner Zukunft Oma werden möchte, und das Handy in der Hosentasche wirkt direkt auf die Fortpflanzungsorgane nebenan, vor allem, wenn es dauerhaft dort herumgetragen wird (bei Familie Fuchs reicht es aus, laut »Eiertoaster« zu rufen). Mein zweitbestes Argument ist, dass ich das Handy einsammle, sobald ich es noch mal am beliebten Aufbewahrungsort sehe.

FAZIT:

Aufklärung und Dranbleiben lohnen sich, denn wirklich stecken die Smartphones nach ein paar Wochen meistens in der Jacke, nach weiteren paar Wochen sogar manchmal im oberen Fach der Schultasche ...

DIE KLASSIKER:
MAUSARM UND HANDYNACKEN

Für das berufliche Arbeiten am Rechner gibt es bestimmte Schutzgesetze, die Arbeitsstättenverordnung schreibt in den Maßnahmen zur Gestaltung von Bildschirmarbeitsplätzen unter anderem vor, dass in regelmäßigen Abständen Pausen gemacht werden sollen, um eine Gesundheitsgefährdung auszuschließen. Auch soll auf ergonomisch günstige Arbeitshaltungen, reflexionsarme Bildschirme und eine vernünftige Sitzgelegenheit geachtet werden.

Für den Gebrauch von Smartphones gibt es keine gesetzliche Verordnung, aber die Fragen der Ergonomie und der Gesundheitsgefährdung lassen sich leicht hierauf übertragen. Genügend Horrormeldungen finde ich, Katrin, dazu im Internet, so zum Beispiel diese: Wegen mangelnder Bewegung müssen Vielzocker mit einem erhöhten Risiko für Herzerkrankungen und Schlaganfall leben und haben auch ein erhöhtes Risiko, an einem Handynacken zu erkranken.

Dies schießt mir durch den Kopf, als ich das Zimmer von meinem Sohn Alex betrete – zum dritten Mal innerhalb einer Stunde übrigens – und der Junge außer seinem Daumen nichts bewegt hat. Seine Haltung sieht verdammt unbequem aus und er zockt auf dem Smartphone herum. Das kann einfach nicht gesund sein! Mir tut schon beim bloßen Hingucken der Nacken weh – abgesehen davon, dass ich es gar nicht so lange in dieser halb liegenden Position aushalten könnte. Er schon, sogar mehrmals pro Woche und länger als 30 Minuten am Stück. Es mag okay sein, wenn ein Kindergartenkind, das den ganzen Tag rennt, klettert und hopst, am späten Nachmittag mal eine Stunde auf dem Sofa herumlümmelt und fernsieht. Bei Schulkindern und Jugendlichen, die sechs bis acht Stunden auf ziemlich unbequemen Stühlen in der Schule hocken, sieht die Sache freilich anders aus.

ZUM BEISPIEL RSI

Repetitive Stress Injuries *entstehen durch immer wiederkeh-rende Bewegungen, beispielsweise wenn ständig mit beiden Dau-men ins Smartphone getippt wird. Auch der »Mausarm« entsteht auf ähnliche Weise durch die vielen feinen Klickbewegungen.*

Die haben acht Schulstunden lang Unterricht, fahren mit dem Bus nach Hause, sitzen erst am Esstisch und machen dann noch Hausaufgaben. So ein Schulkind hat also von acht Uhr bis nach-mittags um 17.30 Uhr fast nur gesessen. Okay, zwischendurch hat es mal kurz den Raum und damit die Sitzposition gewech-selt, Frühstückspausen, ja, die gibt es auch, aber was macht eine Viertelstunde schon aus? Und Alex fläzt sich dann erst mal auf sein Bett, Kopf und Schultern an der Wand, Beine hochgezo-gen, damit die Arme nicht lahm werden, die das Daddelding in den Händen halten. Mein Bauchgefühl sagt mir, dass so etwas nicht ohne Folgen bleiben kann. Ist er ein Einzelfall? Ein Anruf bei Ella, und ich weiß, das Problem besteht genauso bei Familie Brandt. Auch meine Cousine in Köln singt dasselbe Klagelied. »Pubertäres Gammelfleisch ...«, schnaubt mein Mann und zeigt in Richtung seines Ältesten.

Die Mailcheckerhaltung

Ich schimpfe leise auf die blöden Geräte, verwünsche den Zeit-punkt, an dem das erste unserem Haushalt beigetreten ist. Um nicht gleich wieder den Strom abzuschalten, lenke ich mich ab und lese einiges an Material, was meine Vermutung bestätigt, mich aber nicht beruhigt. Im Gegenteil. Der amerikanische Arzt Dr. Ken Hansraj hat bereits 2014 in einer Studie bewiesen, wie sehr das Starren auf das Smartphone der Halswirbelsäule scha-den kann. Die 700 bis 1 400 Stunden, die ein durchschnittlicher Nutzer im Jahr auf sein Smartphone glotzt, wirken so auf die

Halswirbelsäule, dass der Nacken verknöchern kann. Die Bewegungen des Kopfes wären daraufhin eingeschränkt. Werden meine Kinder irgendwann also ihren Kopf nicht mehr heben können, weil sich die Smartphonehaltung durchsetzt? Es ist erschreckend! Hansraj hat dazu ein paar Fakten aufgelistet: Unser Kopf wiegt durchschnittlich fünf bis sechs Kilo. Das Gewicht, das auf der Halswirbelsäule lastet, vergrößert sich allerdings, wenn man den Kopf nach vorn-unten beugt. Bei einem Winkel von 15 Grad sind das schon 14 Kilo, bei 30 Grad 20 Kilo und bei 60 Grad schließlich 30 Kilo.

Die normale »Mails-Checker-Haltung« entspricht ungefähr dieser 60-Grad-Neigung des Nackens, also 30 Kilo Belastung.

Wenn man tatsächlich nur einmal am Tag mal eben etwas nachschaut und den Kopf dann wieder hebt oder sich weiterbewegt, ist das noch kein Problem. Kritisch wird es, wenn das täglich mehrmals über einen längeren Zeitraum geschieht – es geht nämlich nicht nur ums Smartphone, sondern auch um Laptop, Playstation und Tablet, denn alle Geräte werden in derselben Haltung genutzt. Hausaufgaben werden ja auch oft genug mit gesenktem Haupt verrichtet. Da kommt am Ende des Tages einiges zusammen.

Schmerzen, die man durch Schonhaltungen lindert, verschwinden nicht, erklären die Ärzte. Im Gegenteil: Irgendwann summiert es sich und es kommt nach Jahren möglicherweise zu einem Bandscheibenvorfall. Ella erzählt mir von einer jungen Kollegin, die schon im Alter von 25 Jahren genau dieses Problem hatte. Sie liebte Computerspiele … Die medizinischen Prognosen weltweit sind erschreckend. Sie machen mich nachdenklich und verstärken den Eindruck, dass hier sofortiger Handlungsbedarf besteht. Das Problem ist dabei nicht das Smartphone selbst, sondern unsere Haltung. Wenn es einem also nicht zu albern ist, das Handy auf Augenhöhe zu heben, spricht – aus orthopädischer Sicht – nichts gegen stundenlanges Handychecken, Daddeln und Laptopspielen. Probieren wir es.

TEST 4: ANTI-QUASIMODO

Es geht natürlich schief, denn so schrecklich lange kann ja kein normaler Mensch den Arm auf Schulterhöhe halten. Zunächst einmal ist der gute Wille da und Alex hält sein Smartphone tatsächlich auf Kopfhöhe, dann kann man zwei Minuten später tatsächlich zugucken, wie die Kraft nachlässt. In Zeitlupe sinkt die Hand und mit ihr der Kopf.

Wir lachen uns darüber kaputt, wie Alex versucht, mit den Augen seinem immer weiter sinkenden Arm zu folgen. Das geht tatsächlich nur bis zu einem gewissen Grad, denn irgendwann kommt der Punkt, wo er Stielaugen bräuchte, um auf Hüfthöhe zu gucken. Der Kopf kommt zwangsläufig mit.

Das kann also auch nicht die Lösung sein.

FAZIT:

Mal abgesehen davon, dass es ziemlich albern aussieht, wenn sich jemand das Smartphone vors Gesicht hält. Ein weiterer Nachteil des hochgehaltenen Handys ist der, dass jeder merkt, wenn man dem Gespräch nicht folgt, wenn man verbotenerweise beim Essen mal eben nachschaut, wie es gerade beim Fußball steht oder ob die Freundin eventuell doch Zeit hat fürs Kino. Man muss sich offenbar entscheiden zwischen Diskretion und Gesundheit.

Wir haben's alle nötig, also verordne ich reihum smartphone- und laptopfreie Zeiten. Damit es auch klappt, arrangiere ich ein Alternativprogramm. Erstens ist eine Spielpause immer gut, auch Profisportler haben ja mal Halbzeit. Und zweitens geht es auch und gerade bei diesen scheinbar kurzen Aktionen um das Prinzip »steter Tropfen höhlt den Stein«. Wenn es regelmäßig oder zumindest öfter mal eine angekündigte Auszeit gibt, nützt das eine Menge. Dann treten analoge Rituale anstelle von Gewohnheiten mit digitalem Spielzeug.

TEST 5: HILFT SPORT BIS ZUM UMFALLEN?

Es ist ein Irrtum anzunehmen, dass sich Kinder gern von alleine bewegen. Ich gebe zu, Zweijährige laufen um des Laufens willen, einfach, weil es toll ist, das zu können, und weil es Spaß macht zu rennen. Die Faszination am Laufen verliert sich dann aber ziemlich schnell. Etwa mit dem Überreichen der Schultüte setzt die große Ernüchterung ein. Aber: Die Weltgesundheitsorganisation WHO empfiehlt für Kinder 60 Minuten tägliche Bewegung und 150 Minuten pro Woche für Erwachsene, am besten an der frischen Luft, dann können sich auch die Augen erholen.

Max zum Beispiel trainiert dreimal pro Woche zwei Stunden Handball. Wenn ich dann noch die Zeit dazu rechne, die fürs Duschen und Umziehen, Aufwärmen vor dem Spiel und »Wort zum Sonntag« vom Trainer draufgeht, komme ich einschließlich Schulsport auf eine Wochenbilanz von mindestens zwölf Stunden Sport. Damit bewegt er sich sogar überdurchschnittlich viel, sagt die Statistik. Ein guter Ausgleich zu den vielen Unterrichtstunden, die die Kinder sitzend verbringen müssen. Und meine Hoffnung ist, dass doch irgendwann, nach einem zweistündigen intensiven Handballtraining der Punkt erreicht sein müsste, an dem die Kraft im Arm nicht mehr fürs Daddeln reicht!

Falsch gedacht. Und falls es ihn gibt, hat Maxis Körper diesen toten Punkt offenbar überwunden, wenn er wieder zu Hause ankommt. Da nämlich kann er gleich wieder munter nach dem Smartphone greifen.

FAZIT:

Sport ist wichtig. Nicht nur, weil Bewegung der Ausgleich zur Handyhaltung ist und jede Minute Nicht-Daddelzeit ein Gewinn ist. Auch, weil der Sport so viel mehr bietet, als Smartphone und Spielkonsole es können. Das Erlebnis, das entscheidende Tor gemacht zu haben, ist unbezahlbar. Keine Spielkonsole kann so jubeln wie die Mannschaft, wenn der Erzrivale geschlagen wurde. Kein per Internet zugeschalteter Mitspieler tröstet einen so gut wie die bleischwere Pranke des Trainers auf der Schulter, wenn man den Heimsieg in der letzten Minute vergeigt hat.

Solche Erlebnisse sind wichtig, sie prägen und stärken einen Jugendlichen mental, sozial und emotional. Wichtig ist das unmittelbare Erfahren und Durchleben mit dem ganzen Körper, nicht das digitale Zugucken.

TEST 6: VIRTUELL UNTERWEGS

Ob es nun Fluch oder Segen war, dass Pokémon-Go im Sommer 2016 über die Welt hereinbrach, da scheiden sich die Geister. Einerseits haben Hunderte von Leuten ständig die Kreuzungen und Sehenswürdigkeiten belagert, man ist den ganzen Sommer über Leute mit hängenden Köpfen gestolpert, die Dinge gesehen haben, die man mit bloßem Auge nicht erkennen konnte. Andererseits haben sich viele Kinder und Jugendliche erheblich mehr bewegt, als sie das sonst getan hätten. Ein Kumpel von Alex hat 250 Kilometer auf seinem Fahrradtacho gesammelt, während er kreuz und quer durch die Stadt gegondelt ist und Pokémons eingefangen hat.

Auch meine Kinder schlossen sich dem Zug der Menschen an, die auf der Straße herumliefen, während sie starr auf das vor sich weggehaltene Gerät schauten – Augmented Reality war auch bei uns absolut angesagt. Plötzlich mussten Powerbanks angeschafft werden, »am besten genau die, die mein Freund hat«, damit das Smartphone auch unterwegs über genug Strom verfügen kann – und dann waren meine Jungs nachmittagelang nicht zu Hause. Die Rechner standen still, eine herrliche Ruhe im Haus. Und die Innenstadt wurde entdeckt, wovon vorher nie die Rede gewesen war. Plötzlich kannten sie die beste Eisdiele der Stadt, die mit dem herrlichen Mangoeis.

Lustige Videos mit Menschen, die auf der Suche nach dem nächsten Pokémon gegen Laternen laufen oder vors Auto (nicht ganz so lustig), machten die Runde. Auf meine vorsichtigen Nachfragen, ob ihnen das denn auch schon passiert sei, kam nur der entrüstete Kommentar: »Mama, wir sind doch nicht so blöd wie die da, wir gucken immer. Und wir würden auch nicht für ein Pokémon auf die Straße rennen!«

FAZIT:

Die Hauptsache war für mich, dass sie draußen unterwegs waren. Auch wenn der Spuk schnell wieder vorbei war, hatte man mit dem Spiel durchaus einen Nerv getroffen. Die digitalen Glückswesen in der realen Welt auszusetzen, war schon eine geniale Idee, sozusagen die virtuelle Schnitzeljagd, verbunden mit einer Befriedigung des menschlichen Sammlertriebs.

Werden unsere Kinder dumm, dick und gewalttätig?

Wir informieren uns bei Neurologen und Hirnforschern darüber, was Internet und Smartphone mit unseren Kindern machen, und probieren Instrumentalmusik als Gegengift aus. Auch Gartenarbeit und handwerkliche Intermezzos geben dem Leben einen Sinn jenseits von Minecraft & Co. Zu Wort kommen unter anderen Prof. Manfred Spitzer und seine Diagnose der digitalen Demenz sowie sein Kritiker Markus Appel.

EXPERTENMEINUNGEN

Was bedeutet digitales Leben für unsere Teenager? Sie sind für Freund und Feind permanent erreichbar – mit dem Vorteil, nie etwas zu verpassen, aber mit dem Nachteil, auch nie abschalten zu können. Tatsächlich und im wahrsten Sinne des Wortes. Irgendwann entsteht die sogenannte Fomo, die »fear of missing out«, die Angst, etwas nicht mitzubekommen, was genau dort stattfindet, wo man gerade *nicht* ist. Und diese Sorge kann schlicht und ergreifend Stress verursachen.

IMMER GLÜCKLICH, IMMER ERREICHBAR

Internet und Smartphone, die ständige Erreichbarkeit und die stete Informationsflut – all das fördert, wie die Sozialpsychologin Catarina Katzer im Interview erzählt, die Erwartung, immer glücklich, immer überall zu sein: »Wir unterschätzen die Rückkopplungseffekte kolossal. Etwa den Kult um die Geschwindigkeit. (…) Und wenn alles schneller wird, denken wir, dass wir schneller reagieren müssen.« Trotzdem wird alles geteilt, alles sichtbar gemacht. Und doch ist das weder Transparenz noch Freundschaft, wenn man allen alles erzählt. Da wird durch viral und geradezu epidemisch verbreitetes Halbwissen aus einer Mücke ein Elefant gemacht und am Ende sind alle hysterisch, gucken ständig aufs Handy und süchteln nach neuen Informationen oder Fake News.

Wir wollen alles gleichzeitig, aber damit kommen wir schnell an unsere Grenzen, denn »nur etwa zwei Prozent der Menschen können wirklich multitasken. Unser Gehirn wird mit dieser Parallelität nicht fertig und wir machen Fehler«, erklärt die Psychologin Katzer.

Ja, dass die Konzentrationsfähigkeit abnimmt, das haben wir an unseren Kindern gemerkt. Aber stimmt das wirklich und was macht das auf Dauer mit uns?

Wer wäre da besser geeignet, um diese Frage zu beantworten, als der Psychologe Manfred Spitzer, der in nahezu jeder Talkshow zum Thema Digitalisierung sitzt. Ich muss erst mal schlucken, als mir via TV mitgeteilt wird, dass meine Kinder durch ihren Smartphone- und Internetkonsum dumm, dick und aggressiv werden. Holla! Ich finde, dass ein nicht gerade gertenschlanker Psychologe, der mit der Behauptung, TV und Internet machten dick und aggressiv, derart verbal um sich haut, nicht hundertprozentig glaubwürdig erscheint. Aber ich bin neugierig geworden. Also sehe ich mir seinen Vortrag »Cyberkrank – Digital und trotzdem gesund!« an. Nach gut eineinhalb Stunden Vortrag fürchte ich: Die Sache mit dem Gedaddel meiner Kinder ist so schlimm, wie ich glaube. Wenn nicht schlimmer.

Das klingt nachvollziehbar, aber ganz auf digitale Medien zu verzichten und nach seiner Empfehlung ein Kind erst

Manfred Spitzer erklärt, dass es eine Menge im Gehirn kaputt macht, wenn man zu oft und zu lange vor kleinen Bildschirmen hängt. Egal, wie alt man ist. Das Smartphone stört beim Lernen und bei der Gehirnentwicklung von Kindern, weil man eben nix verpassen will und ständig abgelenkt ist.

mit 14 Jahren zum ersten Mal mit einem PC zu konfrontieren, finde ich genauso weltfremd wie zu glauben, alle Digitalisierungsbedenken seien *Fake News*. Jugendliche am besten bis zum 14. oder 16. Lebensjahr vor digitalen Medien zu schützen lässt sich schon alleine deswegen nicht realisieren, weil irgendwann, spätestens in der neunten oder zehnten Klasse, Referate als PowerPoint-Präsentation erwartet werden. Bis dahin sollte man schon mal das eine oder andere elektronische Gerät in der Hand gehabt haben. Hinzu kommt der Druck aus der *peer group*. Die sozialen Folgen von mutwilliger Ausgrenzung auf das Selbstwertgefühl und das Selbstbewusstsein eines Jugendlichen sind immens. Und als Eltern wollen wir für unsere Kinder Medienkompetenz gepaart mit analogem Denken und Handeln. Das ist nichts weniger als der goldene Mittelweg auf der Insel der Glückseligen.

FRÜH VIEL LERNEN, LÄNGER GEISTIG FIT BLEIBEN

Der Hirnforscher Manfred Spitzer hält Computer und Internet für durchaus brauchbare Erfindungen. Aber nicht als Lerninstrumente, sondern als Hilfsmittel für Erwachsene zur Arbeitserleichterung. Die Geräte sind konzipiert für Leute, die schon ein paar Dinge können und eine gewisse analoge Lerngrundlage mitbringen. »Wenn ich nicht weiß, was und wo ich suchen soll, nützt mir auch Google nichts«, sagt Spitzer in der Talkshow. Auf die Frage, wie man junge Menschen in einer zunehmend digitalisierten Welt so vorbereitet, dass sie sich auch mit Computern auskennen, ohne Schaden zu nehmen, antwortet Spitzer, sehr junge Menschen, also Kinder, müssten sich auch gar nicht mit Computern auskennen.

Die Drogenbeauftragte der Bundesregierung Marlene Mortler ist bei der Präsentation der BLIKK-Studie 2017 derselben Ansicht: »Kleinkinder brauchen kein Smartphone. Sie müssen erstmal lernen, mit beiden Beinen sicher im realen Leben zu stehen.«

Spitzers Argument ist vor allem, dass derjenige, der in der Jugend nicht viel lernt, auch einen früheren und schnelleren geistigen Verfall im Alter erlebt. Bei Menschen mit weniger trainiertem Gehirn sind die Anzeichen einer Demenz sehr viel früher sichtbar als bei denen, die ihr Hirn ausreichend trainiert haben. Er fordert, dass Kinder möglichst viel lernen sollen, und meint nicht: Chinesisch lernen und Mathe büffeln, sondern vor allem das Zu-Ende-Bringen von Dingen, das Erreichen von Zielen, das Wollen, etwas Bestimmtes zu schaffen, ein selbst gesetztes Ziel zu erreichen. Sei es, dass man ein Fußballspiel gewinnt, ein Flötenkonzert weitgehend fehlerfrei absolviert oder die Fünf in Mathe durch eine Vier ersetzt. Als wichtigste Schulfächer definiert er deshalb: Sport, Theaterspielen, Musik und Kunst. Lernlücken in egal welchem Bereich sind irgendwann nicht mehr zu schließen und sie sind auch nichts, was man mit einem Schulterzucken abtun sollte. Wenn man etwas nicht kann, so die Hirnforschung, bedeutet das nicht, dass man etwas anderes dafür besser kann. Denn bestimmte Pfade sind im Gehirn dann einfach nicht angelegt, bestimmte Fertigkeiten sind nicht ausgebildet und die Abzweige zu den Pfaden irgendwann verschlossen.

WICHTIG: ANALOGE GRUNDLAGEN

Wenn ich Spitzer nun richtig verstanden habe, ist es meinem Hirn egal, ob ich trainiere, Eckbälle in den Torwinkel zu zwirbeln, oder übe, meine Mitmenschen freundlich von meiner Meinung zu überzeugen. Tatsache ist und bleibt, dass ein Kind keins von beiden lernt, wenn es sich nur auf YouTube Videos dazu ansieht. Das muss man selbst ausprobieren – und das Scheitern und Nichtaufgeben bringt einen weiter. Und das Hirn auch, das sich dadurch weiterentwickelt.

Im Grunde haben wir Eltern diese Erfahrung bereits mehrmals gemacht und erkannt, dass theoretisches Lernen bei Kindern nicht funktioniert (ich erinnere da nur an die berühmte heiße Herdplatte …). Außerdem kommt mir die Geschichte mit dem Begreifen im Wortsinn, dem Anfassen, um zu verstehen, nicht gerade neu, sondern eher ziemlich bekannt vor. Spitzers Thesen bestätigen im Grunde, was Maria Montessori schon vor gut hundert Jahren aufgeschrieben hat. All dies ist inzwischen in alle einschlägigen Erziehungsratgeber eingeflossen, ja es gehört ja schon zum Mainstream zu wissen, dass kleine Kinder alles anfassen oder fallen lassen müssen, um Gesetzmäßigkeiten wie Schwerkraft zu erkennen und um Hartes und Weiches unterscheiden zu können.

Wenn ich das weiterdenke, bedeutet das, dass ein Kind zwar problemlos auf dem Tablet mit irgendwelchen Bauernhofspielchen sehen und hören kann, wie eine Ziege aussieht und wie sie meckert, aber nicht erlebt, wie das Tier riecht und wie weich das Unterfell ist. Dafür muss es mal im Streichelzoo oder auf einem Bauernhof gewesen sein. Da bleibt das digitale Gerät trotz seiner dreidimensionalen Darstellung leider sehr eindimensional. Und gerade das Erleben mit allen Sinnen fördert die Hirnentwicklung, das Lernen und das geistige Erwachsenwerden. Doch den Königsweg, wie wir den Spagat zwischen Medienkompetenz und gesunder Entwicklung im Alltag realistisch hinbekommen, kann Spitzer uns auch nicht weisen. Die Tipps, die er am Ende des Buches *Digitale Demenz* gibt, sind entsprechend dürftig und sehr allgemein. Vielleicht liegt es daran, dass er Forscher ist, kein Pädagoge.

»Beschränken Sie bei Kindern die Dosis, denn dies ist das Einzige, was erwiesenermaßen einen positiven Effekt hat. Jeder Tag, den ein Kind ohne digitale Medien zugebracht hat, ist gewonnene Zeit.«

Mein Problem liegt aber leider in der Frage, *wie* man denn am besten die Dosis beschränkt. Der Hinweis, dass Daddeln möglicherweise schädlich ist und man sich doch bitte an die vorgegebenen Zeiten halten möge, perlt an einem normalen Teenager gemeinhin ab.

Wenn aber keiner die richtige Lösung für das Problem hat und Ella und ich mit unseren »Hausmitteln« eigentlich schon durch sind: Was dann? Und was, wenn mein Kind schon längst in den digitalen Brunnen gefallen ist? Kriege ich es von dort wieder heraus oder habe ich nun ein Junkieproblem? Oder haben wir am Ende eine verlorene Generation in die Welt gesetzt, oder auch nicht? Ich bekomme die digitale Krise und telefoniere eine Stunde mit Ella. Die hört sich meinen ganzen Sermon an, teilt meine Bedenken nicht alle und rät mir, die Jungs einfach mal mit den möglichen Risiken zu konfrontieren.

TEST 7: AUFKLÄRUNGSVERSUCHE

Ich, Katrin, versuche es also mit aktiver Aufklärung und trete an meine Jungs heran mit der Ankündigung, wir müssten mal über das wichtige Thema Verhütung reden. Die Reaktion fällt aus wie erwartet: Kichern, Kopfschütteln, rote Ohren, peinlich, peinlich. »Nee, meine Lieben. Nicht, was ihr wieder denkt!«, rufe ich. Immerhin habe ich durch dieses pubertätsnahe Entrée ihre ungeteilte Aufmerksamkeit. Die nutze ich nun und fasse zusammen, was ich bei Herrn Prof. Spitzer gehört und gelesen habe. Dass der Speicherplatz einer PC-Platte zwar begrenzt sei, die Speicherkapazität beim menschlichen Hirn aber quasi unbegrenzt, weil – so der Psychologe und Hirnforscher – »mehr reinpasst, je mehr schon drin ist«. Das ist den jungen Herren völlig neu. Deswegen kann man auch keinen Platz im Hirn aufsparen für irgendwas anderes, erkläre ich und bringe ein weiteres Beispiel aus Spitzers Vortrag: »Wer nicht kopfrechnen kann, kann nicht etwa dafür etwas anderes besser. Der kann dann einfach nur nicht kopfrechnen.« Damit nehme ich den einschlägigen Teenagerargumenten den Wind aus den Segeln.

Die angesprochene Verhütung sieht dann, erkläre ich, so aus, dass man quasi leere Stellen im Hirn verhindern und sich nicht die Neugier abtrainieren soll, denn das fügt dem Hirn tatsächlich einen nachhaltigen Schaden zu. Das finden Alex und Max beide einleuchtend und sind prinzipiell bereit, ein paar Dinge zu ändern.

FAZIT:

Die Bereitschaft schwindet natürlich zusehends, als klar wird, dass das ein bisschen Eigenleistung vonseiten der Jungs bedeutet. Und nicht nur das: auch Verzicht. Verzicht auf Daddelzeit! Stattdessen fordert Spitzer, dass beim Lernen und Hirntraining nämlich nicht stur gebüffelt wird, sondern Lebenserfahrungen gemacht und ausprobiert werden, am besten in Bewegung. Man muss dabei nicht hyperaktiv durch die Gegend rennen, es reicht beispielsweise, wenn man sich im Gehen über die aktuelle Deutschlektüre oder ein Matheproblem unterhält. Und wenn man in der Bewegung etwas gelernt hat, vielleicht einen neuen Spielzug beim Handball, einen neuen Akkord auf der Gitarre oder eine neue Maltechnik, dann fällt auch das Vokabellernen leichter! Ganz einfach, weil im Hirn wieder ein paar Schalter umgelegt worden sind.

TEST 8: LESEPAUSE

Herbstferien sind ja im Idealfall etwas sehr Schönes. Die Blätter werden goldgelb, der Wind weht und die Sonne scheint. Man geht lange spazieren, trinkt dann gemütlich einen Tee. Das Blöde ist nur, dass der Idealfall viel zu selten eintritt. Zumindest, wenn bei uns Herbstferien sind. Bei gutem Herbstwetter müssen meine Jungs mit Sicherheit in die Sporthalle zum Trainingslager, und wenn alle frei haben und kein Urlaub gebucht ist, regnet's. Das wäre an sich nicht weiter schlimm, wenn Alex und Max genauso viel Vergnügen am Teetrinken und Spazierengehen hätten wie ich. Haben sie aber nicht. Stattdessen holen sie an freien Tagen ihre kleinen Hirnadapter hervor und leben das Leben der anderen. Das irgendwelcher Daddelviecher, Pokémons, FIFA-Spieler, YouTuber oder Instagramstars.

So lange, bis mir der Kragen platzt. Das passiert an solchen Ferientagen recht zuverlässig, denn aufgrund des Dauerregens fallen mir schon keine Beschäftigungstherapien mehr ein. Ratlos setze ich mich nach dem Mittagessen aufs Sofa. Einfach so und mitten am Tag. Es sind ja Ferien, ach, auch für mich. Und wie ich da so sitze, denke ich: Wie schön war das damals, als die Kinder noch klein waren und nach dem Essen ein Stündchen geschlafen haben. Oder Bilderbücher angeguckt haben. Warum sind diese schönen Zeiten nur vorbei? – Um nicht in Wehmut zu versinken, beschließe ich trotzig, die Mittagspause wiedereinzuführen. Zumindest als Ferienexperiment und bei Erfolg auch künftig an den Wochenenden.

Gutenberg statt Google

Der Plan, den ich meinen Kindern spontan präsentiere, sieht folgendermaßen aus: An jedem Ferientag wird eine Mittagspause gemacht, in der nach dem Essen jeder sein Handy und sonstiges Spielgerät in die Ladestation in der Diele legt, sich eine Stunde lang irgendwohin setzt und ein Buch liest. Die Reaktionen sind exakt so wie erwartet. Alex rollt mit den Augen und mault: »Boah ey, muss das sein?« Max nickt eifrig und grinst verstohlen. Die Rechnung hat er aber ohne mich gemacht. »Maxi, Comics gelten nicht als Buch!«, rufe ich. Meine Bedingung ist: Ein »echtes« Buch, völlig egal ob Roman oder Sachbuch, Hauptsache, es regt zum Denken an. Die Langeweile muss unglaublich groß sein, denn beide Jungs machen sich daran, ihre Bücherbestände zu überprüfen. Keine fünf Minuten später kommt Maxi mit einem Stapel Bücher ins Wohnzimmer. Ich strahle erfreut und frage, wie viele Stunden er denn lesen wolle. Max guckt mich giftig an, knallt die Bücher auf den Esstisch und brummt: »Kann alles weg, brauch ich nicht mehr.« Er hat aussortiert, was ihm »zu baby« ist. »Und was liest du jetzt?«, frage ich und bekomme als Antwort: »Hab nix mehr. Kenn ich alles schon.« Er will sich drücken. Ich fordere: »Maxi, such dir eben was anderes aus.« »Da ist nix.«

Und schon ist er wieder in der Diele, eine Hand nach dem Objekt seiner Sehnsucht ausgestreckt. Als Alternative drücke ich meinem 13-Jährigen jetzt ein Buch in die Hand, das eher einem gedruckten Blog entspricht – der Erfahrungsbericht des jungen Kanadiers Kyle MacDonald, der die verrückte Idee hatte, eine Art »Hans im Glück« im Internet zu spielen, indem er versuchte, irgendeinen Gegenstand gegen etwas immer Größeres und Besseres einzutauschen. Das ist ihm gelungen, sonst gäbe es das Buch *One Red Paperclip* ja nicht. Er hat mit einer roten Büroklammer angefangen und so lange getauscht, bis er nach einem Jahr ein Haus hatte.

Was ist besser als eine gute Geschichte?

Diese Geschichte jedenfalls war absolut ausreichend, um Maxi drei Mittagspausen lang zu beschäftigen. Beim Lesen hat er sich auch noch mit anderen Dingen beschäftigt – und zwar ganz analog. Er hat des Öfteren seinen Schulatlas zu Rate gezogen und kennt sich plötzlich in Kanada recht gut aus. Den Atlas hat er hervorgeholt, weil er feststellen musste, dass Google Maps an sich ja eine praktische Erfindung ist, für die Weiten Kanadas auf dem Smartphonedisplay aber komplett ungeeignet, weil viel zu klein. Man wischt sich da dumm und dusselig.

Alex liest in diesen Mittagspausen *Der Circle* von Dave Eggers. Es geht, kurz gesagt, um die Innensicht einer mächtigen Internetfirma, die über ihre Mitarbeiter und deren Familien und Freundeskreis zunehmend soziale Kontrolle erzeugt. Die Story hat unseren Großen gefesselt. Die 500 Seiten hatte er schon nach vier Ferientagen durch. Und: Wir konnten am Ende mit ihm über das Buch diskutieren.

FAZIT:

Lesepausen zu veranstalten ist möglich. Aber es ist auch ein bisschen mühsam, vor allem für die Eltern. Man muss das Lesen nämlich begleiten. Und man muss – zumindest so lange, bis sich das eingebürgert hat – mitmachen. Begleiten muss man vor allem die Auswahl, die bei jedem Kind anders aussehen kann. Da gibt es kein Patentrezept. Was das Mitlesen angeht, so finde ich persönlich diese Auszeit auch sehr entspannend und würde mir auch für mich selbst öfter die Zeit dafür wünschen. Maxi hat dafür den Begriff »Lesegemeinschaft« geprägt, wenn wir zusammen im Wohnzimmer sitzen und es ganz leise ist, weil jeder die Nase in irgendein Buch steckt. Wie alle Ferien gehen aber auch diese Herbstferien zu Ende und – nun ja, das mit der Lesestunde hat sich damit erledigt. Es ist leider im normalen Schul- und Arbeitsalltag beim besten Willen nicht unterzubringen.

WIE BLÖD MACHT DADDELN WIRKLICH?

Manfred Spitzer argumentiert dahingehend, dass Kinder vor ihren Bildschirmen vereinsamen, dass sich ihr Gehirn nicht richtig aufbaut und dass durch die ständigen Unterbrechungen ihre Konzentration auf Wesentliches komplett gestört wird. Die Kinder, so wird der Forscher oft zusammengefasst, werden so dumm, dick und aggressiv, sie stumpfen ab. Doch war da wirklich etwas dran, musste ich mir Sorgen machen? Meine Kinder dürfen nämlich länger als Katrins halbe Stunde daddeln und ich wollte schließlich nicht die geistige, seelische und körperliche Gesundheit meiner Kinder unwiderruflich aufs Spiel setzen, obwohl ich bisher bei keinem der drei ungewöhnlich negative Veränderungen bemerkt habe.

ALLES EINE FRAGE DER PERSPEKTIVE

Ich suchte nach einer weiteren Expertenstimme und stieß auf Markus Appel, Kommunikationspsychologe und Medienpädagoge, dem es ein Anliegen war, Prof. Spitzer nachzuweisen, dass er nicht in allem recht hat, was er behauptet. Appel schätzt Spitzers Behauptungen von der digitalen Demenz und über die Folgen der Nutzung von digitalen Medien vorwiegend als unbewiesene Hypothesen ein. Um dies zu belegen, hat er die Schlussfolgerungen des Psychologen einer wissenschaftlichen Überprüfung unterzogen. Und heraus kam dabei: Zahlreiche Behauptungen Manfred Spitzers über die zu erwartenden Folgen des alltäglichen Smartphonegebrauchs stimmen schlicht nicht. Markus Appel hat zu diesem Zweck verschiedene bereits durchgeführte wissenschaftliche Studien geprüft, um Spitzer zu widerlegen.

Also kann ich zu meiner Beruhigung feststellen:

1. *Sozialer Rückzug?* Nein, die Kinder sind nicht einsam: Sie sind nicht weniger kommunikativ, wenn sie digitale Medien regelmäßig nutzen. Es ist »keine Reduktion der sozialen Interaktion festzustellen, geschweige denn die gesellschaftliche Partizipation gehindert, wenn ein Kind viel im Internet unterwegs ist – bei Letzterem ist eher das Gegenteil der Fall«.

2. *Übergewicht?* Ja, Kinder werden eventuell dick. Wer tagaus, tagein aufs Smartphone oder auf ein anderes Bildschirmgerät starrt, bewegt sich wenig, und das sorgt schnell für eine Gewichtszunahme. Vor allem, wenn das Kind sich nicht ausgewogen ernährt und weniger Kalorien verbraucht, als es zu sich nimmt. Das hat aber nicht direkt mit dem Gerät zu tun.

3. *Abnahme der Lernfähigkeit?* Forschungen belegen, dass Computerspiele durchaus lernwirksam sein können. Ob sich am Computer gut lernen lässt, ist natürlich von Inhalt und Didaktik der jeweiligen computer- oder internetbasierten Lerneinheit abhängig. Und das Schreiben am Computer fördert die schriftsprachliche Kompetenz.

4. *Zunahme von aggressivem Verhalten*: Nein, die Kinder werden nicht unbedingt wütender. Gewalthaltige Computerspiele führen zu aggressiverem Erleben und Verhalten, doch dramatisieren sollte man hier nichts.

Markus Appel sagt, dass es sich bei den meisten Sachverhalten um komplexe Themen handelt, die differenziert betrachtet werden müssen. Ihm geht es darum, genauer hinzuschauen: »Das Internet beziehungsweise die Auswirkungen der Internetnutzung auf Kinder, Jugendliche und Erwachsene sind weder als ›nur schädlich‹ noch als ›nur positiv‹ zu klassifizieren.«

Eigentlich müsste ich mir jetzt weniger Sorgen machen, da Appels Erkenntnisse Spitzers Thesen sozusagen den Wind aus den Segeln genommen haben. Aber der Stachel sitzt nach wie vor – was, wenn Spitzer doch in gewisser Hinsicht recht hat? Zum Beispiel in Fragen des Konzentrationsverlusts, den Appel ja so nicht betrachtet? Oder was die Willensbildung betrifft? Und ganz grundsätzlich: Was kann ich da tun, um gegenzusteuern?

Ich frage mich: Werden unsere Smartphone nutzenden Kinder in der Pubertät alle zu willenlosen Gestalten ohne wahre Ziele und das Internet bekommt die Rolle des Bösen?

Jeder kennt ja die These von der Großbaustelle im Kopf bei pubertierenden Jugendlichen, auf die ich bei Prof. Martin Meyer stoße: »Exakt während der Jahre, in denen sich die Wandlung vom Kind zum Jugendlichen und dann zum Erwachsenen vollzieht, ist das Frontalhirn der Heranwachsenden eine Großbaustelle, auf der die ordnende und strukturierende Instanz fehlt.« Immerhin hat der Professor für Psychologie von der Universität Zürich einen Rat für uns Eltern, nämlich unsere »Funktion als ‚Frontalhirnprothese‘ anzunehmen und den Heranwachsenden Struktur, Orientierung und emotionale Stabilität zu geben«.

Und auch Kinder können zwischen guten und idiotischen Inhalten unterscheiden, wenn sie nur genügend Erfahrungen machen konnten und können. Wichtig ist dabei, dass wir den Kindern Vertrauen in ihre eigene Urteilsfähigkeit mitgeben und ihnen genügend eigene Erfahrungen ermöglichen.

Gunter Dueck versucht in seinem Buch *Flachsinn*, uns einen Weg in ein sinnvoll genutztes Internet zu zeigen, von dem alle profitieren können. Die Hauptsache dabei: Wir müssen uns nicht der »Flut« ausliefern, sondern schauen, welche neuen Fähigkeiten und Kompetenzen wir dabei ausbilden müssen. Er kritisiert: »Die Eltern sitzen als Nachbarn oder bei Elternkonferenzen zusammen und überlegen, wie lange man pro Tag ›Internet darf‹. Sie gehen nicht in die Welt hinaus und suchen nach neuen Möglichkeiten der Erziehung oder denken sich in die nötigen Fähigkeiten hinein, die ihre Kinder später haben sollten.«

Immerhin sind es die Eltern, die hier noch ihren Einfluss geltend machen können, eben als Frontalhirnprothese. Der Begriff gefällt mir.

Wir wollen es ihnen deshalb nicht verbieten, sich im Internet zu orientieren – und können es auch nicht verhindern. Aber: Es muss noch genug Raum für andere Erfahrungen geben.

ANDERE ERFAHRUNGSWELTEN SCHAFFEN

Deshalb gibt es verschiedene Modelle für einen Umgang mit zu viel Reizüberflutung oder besser für eine »ganzheitlichere Erziehung« als solche. Neben Sport kann Musik eine Welt eröffnen.

MUSIK ALS GEGENGIFT

Mal abgesehen von diesem praktischen Nutzwert verbindet das Musikmachen einige andere Vorteile:

1. Wer ein Instrument spielt oder singt, kann etwas erschaffen, was kein anderer kann.
2. Es ist eine gewisse Übung notwendig, bei der man selbst hören kann, wie man sich verbessert.
3. Schöne Töne sind in unserer Welt heute sehr selten, das Erleben von selbst gemachtem Klang ebenfalls.
4. Und der Klang und die Vibrationen eines realen Instruments hat eine ganz andere Wirkung auf einen Menschen, auf seinen Körper, als die von einem Gerät abgespielte Musik.

Natürlich wollen Ben, Jonas und Elias, die Klavier und Geige lernen, nicht immer gern üben oder zur Musikschule gehen. Ich habe eben ganz normale Jungs, keine Wunderkinder. Aber in dieser Hinsicht bin ich dann wie die Tiger-Mom Amy Chua. Musikunterricht ist obligatorisch. Punkt. Und wer nicht übt, geht wenigstens hin. Zu meinem Glück veranstaltet die Musikschule einmal im halben Jahr ein Schülerkonzert, wo vorgespielt werden muss, und davor üben dann alle so viel, dass es sogar Streit um das Klavier gibt, weil sich ja keiner blamieren möchte. Und immerhin teilen meine Jungs die Ansicht, dass Musikmachen intelligenzfördernd ist und sie nach dem Üben sogar ihre Vokabeln besser behalten können. Zudem ist mir jede Zeit im Leben meiner Kinder, in der sie kein Smartphone in die Hand nehmen können, nur recht. Den Rest bestreite ich mit Tauschgeschäften: Wer lernt oder Hausaufgaben macht, kann sich Elektronikzeit erarbeiten, wer sein Instrument übt, ebenfalls. Dennoch wird zu viel Zeit mit dem Smartphone und Co. verbracht.

GARTENGLÜCK

Auf einer Familienfeier klage ich meinem Schwager mein Leid, der selbst zwei schon ältere Jungs hat. Sein Tipp: »Schick sie doch raus in den Garten! Wir durften früher auch erst weg zum Spielen, wenn die Beete gejätet waren. Und wehe, das war nicht ordentlich! Oder: den Rasen rechen, das geht immer.« Die Gartenidee ist super. Ich beginne sofort davon zu träumen, dass sich unser Reihenhausgarten in eine gepflegte englische Parkoase verwandelt. Außerdem ist die Idee vom »Erst dann, wenn« sogar noch viel besser als der Plan mit der erkauften Daddelzeit.

TEST 9: UNKRAUT JÄTEN

In unserem Garten gibt es immer genug zu tun. Und so werden unsere Kinder im Sommer immer mal wieder nach draußen geschickt. Ich schlage vor: »Wenn ihr hier im Garten mithelft, können wir nachher zusammen etwas unternehmen, Eis essen gehen oder ins Kino. Allein schaffe ich das alles sowieso nicht.« Das sehen sie ein, und so pflücken die Jungs mit mir zusammen Kirschen, hacken Beete, graben den Kompost um, sammeln Äpfel auf, mähen Rasen, rechen im Herbst Blätter und so weiter.

FAZIT:

Natürlich sind sie nicht immer begeistert und eine gewisse Anschubmotivation ist oft nötig, aber, wie sagt man so schön: Das Leben ist kein Ponyhof. Und hinterher die erarbeiteten Resultate zu sehen, macht auch kleine Gamer ganz schön stolz.

… und wer keinen Garten hat, der besorgt sich halt einen: Man kann beim Bauern bepflanzte Gemüsefelder mieten, was nicht teuer sein muss. Es gibt auch andere Möglichkeiten, an ein Stückchen Grün zu kommen. Meine Freundin Ute zum Beispiel ist Patin für eine sogenannte Baumscheibe in ihrer Straße geworden und hat die zusammen mit ihrer Tochter bepflanzt und gepflegt.

TEST 10: WAS HÄNDE ALLES NOCH KÖNNEN

Handwerkliche Aufgaben kann man auch nicht gut mit dem Smartphone in der Hand hinkriegen, selbst wenn YouTube-Videos in dem einen oder anderen Fall sehr nützlich sein können. Mein Mann Carl zeigt unseren Jungs gerne etwas, sodass sie schon eine Menge selber machen können. Beim letzten Reifenwechsel musste er nur noch dabeistehen und zugucken und ein paar Tipps geben, während alle drei Jungs in Teamarbeit mein Auto mit Winterreifen ausgerüstet und die Sommerreifen in den Keller geschleppt haben. Auch wurden am Haus eine Außenlampe in Teamarbeit von Jonas und Elias angebracht, im Kinderzimmer eine neue Deckenlampe aufgehängt und unsere neuen Rauchmelder an die Decke geschraubt.

FAZIT:

Und all das Herumgewerke, abgesehen davon, dass es Ben, Elias und Jonas auch Spaß gemacht hat, hat einen weiteren positiven Aspekt: Sie werden dadurch jedes Mal ein Stückchen lebenstüchtiger. So weiß ich, dass unsere Jungs später auch allein gut zurechtkommen werden, wenn es um praktische Dinge geht. Denn so etwas verlernt man nicht, ähnlich wie Fahrradfahren.

Dumm, dick und aggressiv sind und werden unsere Kinder also nicht unbedingt. Oder wenn Kinder so werden, dann liegt die Schuld nicht bei den Geräten. Sind wir, insbesondere Katrin und ich, Ella, nun einer digitalen Hysterie verfallen? Nicht zuletzt lese ich bei Georg Milzner nach, dass wir es mal lockerer sehen sollen. Er zeigt anhand konkreter Fallbeispiele aus seiner eigenen psychologischen Praxis, wie ein ganz anderer, offener Umgang mit der Welt der Medien möglich wird. Er vergleicht das heutige Reden und Verteufeln der digitalen Aktivitäten unserer Kinder mit der »Lesewut« im 18. Jahrhundert, die damals viel Aufsehen erregt hat. Da bedrohten Bücher die Gesundheit von Leib und Seele; Kinder und insbesondere junge Frauen wurden als sehr gefährdet angesehen. Zur »gefährlichen Lektüre« zählte zum Beispiel auch *Die Leiden des jungen Werther* von Johann Wolfgang von Goethe.

Auch er findet aber, dass die Dosis das Gift macht. Natürlich versuchen wir, dass unsere Kinder nicht mehr Zeit vor ihren Geräten zubringen, als gut für sie ist. Außerdem möchte ich nicht hinnehmen, dass diese »Smartphonekultur« wichtiger wird als der zwischenmenschliche Kontakt in unserer Familie. Nun, auch Kinder brauchen mal eine Pause, aber was, wenn die zum Dauerzustand wird?

Ein wenig Tätigkeit und Miteinanderreden ist doch schön, ich meine, wer den ganzen Tag Videos guckt und Spielchen spielt, kann doch abends nicht zufrieden sein? Meine Strategien sind zu wahren Überlebensstrategien geworden. Denn kann ein ständig auf sein Smartphone schauendes Kind jemals etwas im Leben erreichen?

Handyverbote: Einen Schritt vor, drei zurück?

Wir fragen, was wir als Eltern eigentlich erreichen wollen, wenn wir das Smartphone als Strafe oder Belohnung einsetzen. Wir testen die Zeitbegrenzungsempfehlungen in aller Konsequenz inklusive Geräteentzug und fühlen uns wie Mama Taliban. Was raten Familientherapeuten? Und wie viel Kraft kostet es uns, die Handy- und Computerzeiten wirklich in letzter Konsequenz durchzuziehen?

DARF ICH VORSTELLEN? DIE KABEL- UND GERÄTEVERWALTUNG

Als Ben, Elias und Jonas noch jünger waren, fühlte ich mich darin bestärkt, die einzig konsequente Aktion zu ergreifen: Sämtliche erreichbare Hardware ins Off zu befördern, bevor irgendjemand aus der Schule nach Hause kommt. Ich machte *Tabula rasa*. Das bedeutet: Der Fernseher wurde kaltgestellt, indem ich einfach das Bildschirmkabel entfernte. Sämtliche Ladegeräte verschwanden plötzlich unauffindbar. Der Laptop fand Platz in einer geheimen Schublade und die Stromkabel des Rechners wurden abgezogen. Ich atmete auf. Dann noch die Handys einsammeln nach der vereinbarten halben Stunde Elektronikzeit, und das Leben konnte wieder beginnen.

DAS PRINZIP
DER VOLLSTÄNDIGEN ENTWAFFNUNG

Was ich nicht sehe, gibt es nicht? So einfach ist es natürlich nicht und ich frage mich, wie es so weit kommen konnte. Was ist aus mir geworden? Eine Kabel- und Geräteverwaltung? Ein häusliches Kontrollorgan? Doch da erinnere ich mich wieder an die Idee von der »Frontalhirnprothese«, die anscheinend, was die Geräte betrifft, eventuell auch schon vor der Pubertät ihre Berechtigung hat, da bei den geforderten unbegrenzten Daddelzeiten meiner Ansicht nach ebenso etwas aussetzt. Merkwürdigerweise ist der große Wunsch nach Selbstbestimmung in Bezug auf die Welten des Internets und der elektronischen Unterhaltung ganz weit unten angesiedelt. All die Spiele, die mit ihren eng getakteten Belohnungsstrukturen in vielen Fällen eher das Gegenteil von Selbstbestimmung bedeuten, werden so offensiv verteidigt wie nichts sonst. Und weil es niemanden gibt, der mir dies widerlegt, und mich der Anblick der daddelnden Zombies auf unserem Sofa zur Weißglut treibt, räume ich weiter alle Kabel und Sachen weg, so wie ich sie in die Finger bekomme.

Habe ich es im Griff?

Diese Methode wirkt einige Zeit, wenigstens ich bin zufrieden, weil ich glaube, die Sache im Griff zu haben. Die Kinder finden es natürlich nicht gut. Und es ist aufwendig. Sobald ein Versteck aufgeflogen ist, muss ich wieder ein neues finden. Ich bin zwar gut im Verstecken, aber – abhängig vom Stresspegel – nicht immer so gut im Wiederfinden. Insbesondere die nicht so oft genutzten Devices wie die alten Nintendos sind gern spurlos verschwunden, wenn sie nach Wochen wieder gesucht werden.

TEST 11: MAMAS WACH- UND SCHLIESSGESELLSCHAFT

Ich suche nun den einen Ort, wo alles dem Zugriff meiner Kinder entzogen und gesichert werden kann. Eine Art Safe vielleicht? Als geeignet kristallisiert sich eine große abschließbare Schreibtischschublade heraus. Hier hinein presse ich nach und nach alle Bildschirm- und Rechnerkabel, die eingesammelten Handys, iPods und Nintendo DS.

Die Vorteile der neuen Methode sind jedoch begrenzt, denn irgendwo muss auch der Schlüssel zur Schublade versteckt werden. Um ganz sicherzugehen, stecke ich deshalb eines Tages den

Schlüssel mit ein, als ich zur Bücherei aufbreche. Mit dem erhebenden Gefühl, zu Hause alles garantiert daddelfrei zu hinterlassen, steige ich aufs Fahrrad und fahre los. Zurück von meinen Erledigungen, schließe ich die Haustür auf. Alles ist ruhig. Ben hat sich mit einem *Lustigen Taschenbuch* in sein Zimmer verzogen, Jonas und Elias hatten die Carrera-Bahn aufgebaut.

Ich fühle mich in allem bestätigt: Man muss den Dingen doch Raum geben, auch den anderen, nicht-elektronischen!

Nur als am Abend die Frage nach den Geräten aufkommt und als ich nun lässig und großzügig Kabel und Geräte herausgeben will, muss ich voller Schrecken feststellen: Der Schlüssel ist weg. In meiner Hosentasche ist – nichts. Da hat nun alle Genialität ihr jähes Ende gefunden. Panisch fahre ich noch mal zur Bücherei und suche den ganzen Vorplatz ab – nichts. Und schlimmer noch: Hier ist längst geschlossen und erst übermorgen wieder geöffnet.

Zwei quälende Tage lang bin ich die daddeltechnisch verständnisvollste Mutter der Welt, weil ich mich so schuldig fühle, da nun diverse Geräte unrettbar in der Schublade gefangen sind. Das Möbel aufzubrechen ist auch keine Lösung. Am Mittwoch um Punkt elf Uhr öffnet die Stadtbibliothek und um eins nach elf betrete ich die Filiale. Es ist mir sehr peinlich, obwohl es eigentlich normal ist, mal einen Schlüssel zu verlieren. Als dann die Nachfrage kommt: »Wie sieht der Schlüssel denn aus?«, habe ich noch immer keine Hoffnung, aber als ich von kleinen Schnörkeln rede und die Büchereiangestellte sich dann umdreht und mir mit den Worten »Das ist dann wohl dieser, der wurde hier vor der Tür gefunden« den Schlüssel in die Hand drückt, breche ich innerlich zusammen und möchte die nicht vorhandene Kaffeekasse sofort großzügig füllen. Mit dieser überschwänglichen Dankbarkeit hatte die hilfreiche Dame wohl nicht gerechnet, doch dann nichts wie nach Hause, wo ich aufatmend als Erstes den Schreibtisch öffne.

FAZIT:

Die Geräteversteckerei ist nicht das Mittel der Wahl. Diese Aktionen haben mich weit mehr Nerven gekostet als das normale ständige Ermahnen, das ich sonst jeden Tag und mindestens stündlich praktiziere (was aber leider weit weniger wirksam ist als der Hardwareentzug). Auch dass ich mir immer neue Verstecke merken muss, macht mich mürbe. Es muss eine möglichst einfache Lösung her, die mich nicht zusätzlich belastet.

MAMA TALIBAN

Ich hatte mir eineinhalb Stunden Wellness im eigenen Badezimmer gebucht, die Wanne volllaufen lassen, gebadet, gepeelt, gecremt, Fuß- und Fingernägel auf Vordermann gebracht. Ich brauchte eine Pause und wollte mir das mal gönnen, weil ich in den Tagen zuvor richtig viel gearbeitet hatte und die Zeit gerade da war. Alex und Max hatten beide eine Mathearbeit vor der Nase und lernten eifrig. Dachte ich jedenfalls, als ich mich ins Bad verabschiedete, während mein Mann zum Sport abdampfte.

Ich summte zufrieden vor mich hin, wusste die Lasagne gut vorbereitet im Ofen stehen, Mann und Kinder fleißig, ich duftend … Es würde ein perfekter Sonntag sein. Am Abend wollte ich mit Stefan noch ins Theater.

Ein Handtuch um die Haare gewunden, das Duschtuch um den Körper gewickelt öffnete ich die Badezimmertür, um meinen Föhn aus der Sporttasche zu holen. Aus dem Augenwinkel sah ich Maxi neben Alex auf dem Boden sitzen, sie steckten die Köpfe zusammen. Wie schön, wenn sie so friedlich zusammen etwas spielen! – Moment mal! Die Jungs sollten doch lernen!

»Wie?«, polterte ich los. »Schon fertig mit Mathe? Das kann doch gar nicht sein, du hattest vorhin einen riesig langen To-do-Zettel, Max!«

»Nee, weißt du, Mama ...« Maxi windet sich. »Ich konnte das nicht alleine, ich mach das nachher mit Papa.«

So haben wir nicht gewettet! Der Papa soll am Abend mit mir ins Theater gehen und nicht mit Maxi lernen! Vor allem soll Maxi seinen Grips auf Mathe einstellen und nicht sein Denken ans Smartphone auslagern!

Ich war offensichtlich nicht so hundertprozentig entspannt von meinem Wannenbad, wie ich gedacht hatte, denn mir brannten spontan ein paar Sicherungen durch. Noch mit dem Handtuch um den Kopf, ein weiteres um den Körper geschlungen stürzte ich ins Kinderzimmer und schwang den Föhn wie einen Säbel.

»Ich schmeiß das Zeug gleich aus dem Fenster! Das ist ja nicht zum Aushalten!«

Wütend reiße ich meinen verdutzten Jungs die Geräte aus der Hand und fluche weiter auf die Elektronikindustrie, die Spieleerfinder und alle anderen, die dafür gesorgt haben, dass meine Jungs nun ständig vor den Geräten hängen.

Ja, ich stehe dazu, dass ich total unpädagogisch gehandelt habe. Aber ich kann rückblickend sagen, dass meine Kinder keinen Schaden genommen haben. Sie haben nämlich nach einem kurzen Moment des Staunens angefangen, laut zu lachen. Zugegeben, ich habe ein lächerliches Bild abgegeben: Barfuß, die Handys im verrutschenden Handtuch einsammelnd – wie eine Karikatur von Sterntaler ... Und dann dieser Turban! »Äh, Mama?«, prustet Alex. »WAS?«, frage ich drohend. »Du wütest hier rum wie son Taliban ...« »Und sie sieht auch so aus!!!«, ergänzt Maxi. Die beiden schütten sich aus vor Lachen.

Alex hatte nicht mal unrecht. Was ist aus mir geworden? Ich verteufele Dinge, die nichts verbrochen haben und schon gar nichts dafür können, dass sie zu unserem Haushalt gehören.

Das ist meine Schuld. Nicht allein meine, aber auch. Ich verlasse das Kinderzimmer, meine Aktion ist mir peinlich. Während ich mich anziehe und wieder in einen zivilisierten Menschen verwandle, wird mir einiges klar.

Was bleibt mir übrig?

Bleibt mir wirklich nichts anderes übrig, als die Geräte samt Kabeln täglich aufs Neue einkassieren zu müssen? Kann es denn eine Lösung sein, Teenager wie Zweijährige zu behandeln? Nein. Das Problem liegt ja nicht bei den Geräten, sondern bei den Nutzern. Besser gesagt: in der Art und Weise sowie der Häufigkeit der Nutzung. Also auch wieder bei mir und den Regeln, die ich aufstelle. Und bei den Kindern, die sie nicht einhalten. Mir wird bewusst, dass es nicht die Medienforscher sind, die mir einen Tipp geben können, sondern die Erziehungsexperten und Familientherapeuten. Schließlich ist es unerheblich, *was* für eine Regel aufgestellt wird. Interessant ist nur, ob sich jemand daran hält. Und wenn nein, warum nicht. Oder wie man es schafft, dass Regeln beachtet werden.

Der Erziehungsexperte spricht

Der große Erziehungsberater, so heißt das Buch von Jan-Uwe Rogge, das ich aus dem Regal ziehe. Es ist beinahe neuwertig, ich habe es vor etlichen Jahren gekauft, aber nur die ersten paar Seiten gelesen. Ich lese ein Stückchen weiter und bekomme den Rat, cool zu bleiben, nicht die Nerven zu verlieren. – Danke.

Tröstlich finde ich den Tipp, dass ich meinen Standpunkt klar

Zu glauben, dass meine Kinder immer einverstanden sind, wenn ich versuche, Grenzen zu ziehen, und ihnen etwas verbiete, wäre eine Illusion. Aber ich werde cool bleiben und nicht mehr den Säbel schwingen.

vertreten soll, auch wenn mein Kind mich gemein findet: Mama Taliban forever.

IST ABSOLUTES VERTRAUEN GERECHTFERTIGT?

In einer Zeitungskolumne zu pädagogischen Themen lese ich, Ella, nach, wie sich Eltern über die Mediennutzung ihrer Tochter aufregen. Während die anderen Ratgebenden eher zu neuen Regelvereinbarungen raten, empfiehlt allein Jesper Juul, einfach mehr Vertrauen in die Kinder zu setzen. Als bisherige und einzige Regel, die die Kolumnentochter auch befolgt, soll das Handy um 20 Uhr an der Ladestation unten angeschlossen sein und die Nacht über dort bleiben.

Genau wie die Eltern in diesem Beispiel finde ich auch, dass Handys und andere Geräte nachts im Schlafzimmer nichts zu suchen haben – was bedeutet, dass ich hin und wieder die Handys dort beim Gutenachtsagen heraussammeln muss.

Mit dem Vertrauen den Rest des Tages über ist das allerdings so eine Sache. Ein Grund mehr, das einmal bei uns zu testen.

TEST 12: UNBEGRENZT DADDELN

Ich sage meinen Kindern, dass ich ihnen vertraue, selbst zu wissen, wann es genug ist, und jeder selbst entscheidet, wann das Smartphone wieder an der Ladestation liegt. Drei Wochen soll das Experiment dauern. Zwei Tage lang sehe ich es mir an und es ist leider offensichtlich: Keiner hört freiwillig auf, es gibt keine Pausen, nichts. Ein Wunder, dass das gemeinsame Abendessen wahrgenommen wird. »Mama, wir spielen, so viel wir können, weil wir ja schon wissen, dass du uns die Handys wieder wegnimmst«, lautet das Killerargument meiner Kinder.

FAZIT:

Besonders groß ist also das Vertrauen meiner Kinder in mich anscheinend auch nicht … Ich breche diesen Test so schnell wie möglich wieder ab, denn ich kann mir nicht vorstellen, dass meine Jungs nach drei Wochen Dauerdaddeln plötzlich wieder nur noch Lego bauen möchten. Denn drei Wochen sind eine lange Zeit, lang genug, um herrliche Gewohnheiten zu etablieren, was die Daddelei betrifft. Und diese Gewohnheiten werden meine Kinder nicht so schnell wieder aufgeben, wenn man mich fragt!

FAMILIENINSELN

Auch wenn das Vertrauensexperiment nicht erfolgreich war, interessiert mich Jesper Juul weiterhin und ich suche nach Artikeln, in denen er etwas mehr über Mediennutzung sagt. Und werde fündig: Juul möchte Mediennutzung so gestalten, dass »die Herzen nicht verhungern«, weil die »elektronischen Familienmitglieder« so viel Aufmerksamkeit auf sich ziehen, dass sich das auf die Qualität der Familienbeziehungen auswirkt.

Er empfiehlt das Einrichten von medienfreien Familieninseln, sowohl zeitlich als auch örtlich. Dort steht dann die Beziehung zwischen Eltern und Kindern im Mittelpunkt, zum Beispiel beim Abendessen.

Mehr Zeit mit Mama und Papa

Bei einer groß angelegten Umfrage unter 13-jährigen dänischen Kindern kam heraus, dass sie viel mehr Zeit mit den Eltern verbingen wollen. Juul beschreibt es so: Die befragten Kinder haben durch zahlreiche prägende Erfahrungen einen Verlust von Vertrauen, Gefühle der Verwirrung und Hilflosigkeit und Einsamkeit erlebt. Denn die Eltern haben immer wieder kleine Beziehungsabbrüche vorgenommen. Sie haben die Kommunikation abgebrochen und ihre Kinder zurückgewiesen, indem sie ständig dem klingelnden Smartphone mehr Aufmerksamkeit schenkten. Weil sie Anrufe beantworteten und Whatsapp-Nachrichten schrieben, waren die Eltern sozusagen da, ohne da zu sein, weil sie auf kleine Bildschirme starrten. Infolgedessen haben die Kinder gelernt, mit diesen Gefühlen so umzugehen, dass sie das Verhalten ihrer Eltern nun nachahmen, also ebenso das Smartphone über alles stellen.

Bei uns verhält sich das ein wenig anders. Da bin nämlich ich diejenige, die mit den Kindern etwas unternehmen will – und alle starren auf ihr Handy. Niemand ruft mehr: »Mama, spielst du mit mir?« Und um die Grundüberlegung noch mal zu betrachten: Wer schafft es wirklich, seinem Kind den ganzen Tag über die ungeteilte Aufmerksamkeit zu schenken? Das klingt für mich eher nach einer Utopie, schon allein, wenn es noch Geschwister gibt. Das war auch früher nicht anders, als es noch keine Smartphones gab.

Trotzdem teile ich in diesem Fall Juuls Ansicht, dass die Beziehung von Angesicht zu Angesicht wichtig ist. Nur so ist es möglich, dass eine tiefe Bindung zwischen Eltern und Kindern – ja zwischen Menschen überhaupt – entstehen kann. Jesper Juuls Idee von den »Familieninseln« stellt den strukturellen Rahmen dafür bereit, dass dies im Zeitalter der Digitalisierung überhaupt noch möglich wird.

Er bietet sogar ein zweiwöchiges Experiment an. Dazu soll eine Familie verschiedene medienfreie Inseln schaffen. So schlägt er beispielsweise ein telefonfreies Morgenritual und eine telefonfreie Zeit von einer halben Stunde vor dem Abendessen bis zum Schlafengehen vor. Auch im Restaurant beim Essen bleiben die Handys aus, ebenso nachts.

TEST 13: MITMACHESSEN

Um eine Familieninsel Realität werden zu lassen, braucht es meiner Ansicht nach schon mehr Planung, als bloß eine Zeit zu vereinbaren, damit alle dabei sind. Denn der Reiz der Spiele ist eben groß. Also muss ein Event her, ein praktikables Beispiel ist ein solches Mitmachessen. Das ist Kochen und Essen mit allen zusammen. Geeignet sind dafür natürlich nicht unbedingt komplizierte Essen, sondern erstens etwas, das allen schmeckt und zu dem daher jeder gern beiträgt, und zweitens etwas, wo jeder bei der Vorbereitung ungefähr gleich viel tun muss. Also gibt es bei uns selbst gemachte Burger. Anders als beim Schokofondue trete ich nicht mehr in Vorleistung: Angefangen wird erst, wenn wirklich alle da sind, und dann schneidet einer die Gurke und die Tomaten, der Nächste die Zwiebeln, der Dritte formt und brät das Fleisch, der Vierte deckt den Tisch und der Fünfte kümmert sich um Soßen und Brötchen. Alle stellen zusammen etwas her und müssen miteinander sprechen, sonst wird nicht alles gleichzeitig fertig. Dann essen wir gemeinsam. Jeder kann sich seinen Lieblingsburger zusammenbauen, man guckt, was die anderen nehmen, und lässt sich inspirieren. Und das ist eben mehr als nur die bloße Nahrungsaufnahme.

FAZIT:

Jederzeit wieder! Alle fanden es gut! Alle haben sich von ihren Geräten gelöst, die Spiele beendet. Wir haben die Idee von der Familieninsel gleich am Tisch mit unseren Kindern besprochen, die das auch gut fanden. Und Mitmachessen veranstalten wir jetzt öfter, es gibt ja viele Möglichkeiten, zusammen zu kochen, Pizza geht genauso gut wie grillen oder die Vorbereitung für ein Picknick.

TEST 14: RAUS AUS DEM HAUS!

Manchmal ist schon ein wenig Nachdruck nötig, bis alle Familienmitglieder schließlich im Auto sitzen, aber damit ist schon die Hauptsache erreicht: Alle sind dabei, zwar auch das ein oder andere Handy, aber das macht nichts. Und dann fahren wir ins Blaue, in den Wald oder sonst wohin. Es muss ja nicht gleich die Joggingrunde sein, einfaches Rumstiefeln im Wald reicht schon, damit die Familie wieder ins Gespräch kommt. Und auch das letzte mitgenommene Smartphone ist irgendwann in einer Jackentasche verschwunden und nicht mehr so wichtig, wenn es darum geht, Verstecken im Wald zu spielen oder Stöckchen am Bach um die Wette schwimmen zu lassen, das geht sogar noch mit 15-Jährigen. Die Eltern machen natürlich auch mit …

FAZIT:

Je mehr Zeit wir gemeinsam verbringen, desto besser wird auch die Stimmung, wir leben nicht so nebeneinanderher. Trotzdem werden die vereinbarten Inselzeiten nicht immer eingehalten, weil Videospiele die Aufmerksamkeit der Kinder fordern und auch die Eltern mal etwas anderes vorhaben. Aber: Je öfter wir zusammen etwas machen, desto besser gefällt es allen. Dranbleiben lohnt sich also!

Juuls Idee, die elektronischen Geräte als Familienmitglied zu betrachten, finde ich ziemlich treffend. Denn die Verführungskraft der Geräte ist und bleibt meiner Ansicht nach immer noch sehr groß. Es sind zwar keine Tamagotchis, wie jene legendären digitalen Haustiere der 1990er-Jahre, die aktuell in Japan wieder ein Revival erfahren – aber von ihrer Auswirkung auf das Verhalten von Kindern und Teenagern her absolut gleich. Zum Beispiel muss ein Spiel wie *Clash of Clans* auch immer wieder gefüttert werden, um weiter zu funktionieren und Spaß zu machen. Es müssen Gebäude upgegradet oder Clans gewechselt werden – und das Dorf gerät ständig in Gefahr. Man ist also ständig beschäftigt. Das kann unter Umständen in wirklichen Stress ausarten. Familieninseln, wie von Juul beschrieben, sind deshalb, wie alle Inseln, von viel Wasser umgeben. Und das Meer ist nicht immer klar und blau, sondern mitunter auch trübe und äußerst bewegt, insbesondere, wenn es sich um einen Ozean von Alltag, Daddelei und Ermahnungen handelt. Doch wie soll man damit umgehen?

VERBOTE UND BELOHNUNGEN

Helfen denn Verbote, rigide Begrenzungen auf Dauer weiter? Ich meine nicht, denn unser Leben geht weiter, eben nur teil-analog. Schließlich brauchen meine Kinder ihr Smartphone, um mal eben im Klassenchat nach den Englischhausaufgaben zu fragen. Und der Laptop wird auch angeworfen, um die Power-Point-Präsentation für das Geschichtsreferat fertig zu schreiben.

Da wird das eine Extrem, Handyverbote auszusprechen, schon von der Wirklichkeit eingeholt. Und sind im Gegenzug Spielzeiten als Belohnung angemessen?

Die Unmenge Klicks, die während einer Onlinezeit verteilt werden, egal wo, ob in einem Spiel oder auf einer Informationsseite, bedeutet einfach nur Umsatz für die Internetgiganten. Nicht umsonst wird dann auch im Zeitungsbeileger des Unternehmens Google *Aufbruch Lernen. Ein Magazin zur digitalen Bildung* schön mit Medienzeit belohnt, was das Zeug hält. Hier sollen Kinder ruhig früh viele Erfahrungen mit dem Medium machen. Im Artikel *Wie eine junge Familie den richtigen Umgang mit digitalen Medien sucht* unternimmt die Familie eine anstrengende Bergtour. Die Eltern versprechen den Kindern: »Wenn ihr durchhaltet, dürft ihr am nächsten Tag ausnahmsweise so viel auf dem Tablet spielen, wie

Die Unternehmen des Silicon Valley finden Daddelzeiten als Belohnung sicherlich gut. Daten sind ja das neue Öl und wir sorgen alle dafür, dass sie fließen. Jede Suchmaschinennutzung, jeder Eintrag in den sozialen Medien, jede WhatsApp-Nachricht ist sozusagen Gold wert.

ihr wollt.« Am nächsten Tag aber stellt das Artikelkind das Tablet alsbald in die Ecke, es möchte lieber wieder auf den Berg gehen. – Das allein finde ich schon extrem unrealistisch.

Man tut alles Analoge nur, um hinterher wieder zum Gerät zurückkehren zu können. Aber genau das wollen wir ja nun nicht erreichen! Handyentzug als Strafe für Dinge, die nichts mit dem Gerät zu tun haben, ist zwar weitverbreitet, finde ich aber schlecht, denn was soll das bringen?

Alle, aber auch ausnahmslos alle Ratgeber zum Thema raten hier ab: Bei einem dieser Elternabende in der Grundschule zum Thema »Schützen Sie Ihr Kind im Internet«, an denen man nicht so recht weiß, warum man überhaupt gekommen ist, weil man alles, was gesagt wurde, schon viel zu oft gehört hat, wurde eine Broschüre ausgeteilt. Darin ist zu lesen: »Achten Sie darauf, dass Sie das Handy nicht als Bestrafung einsetzen.« Wer also seinen Bruder angerüpelt und gehauen hat, bekommt nicht zur Strafe das Handy abgenommen. Einverstanden.

Meiner Ansicht nach haben Handyverbote genauso wie Daddelzeiten als Belohnungen eigentlich nur einen Sinn: Sie stellen das Gerät in den Mittelpunkt allen Denkens und Wollens.

Als Belohnung hingegen bietet das Smartphone sich leider viel zu oft an. Der Reiz der elektronischen Spiele ist einfach da und eignet sich ideal dazu, das Kind zu Dingen zu bewegen, die es sonst im Leben nicht tun würde. Ich selbst habe beobachtet, wie wunderbar alles läuft, wenn ich mal verspreche, dass hinterher am Handy oder der Konsole gespielt werden darf.

GEHT ES DENN AUCH OHNE?

Um diese Frage zu klären, schaue ich in die *Kindersprechstunde*. Die Autoren, die anthroposophischen Kinderärzte Michaela

Glöckler und Wolfgang Goebel, halten das Spannungsfeld zwischen Strafen und Belohnen, unabhängig von elektronischen Medien, für »eine der sensibelsten Fragen des modernen Lebens überhaupt«. Den Grund dafür sehen sie darin, dass »in unserem heutigen Zeitalter der Gleichberechtigung und Mitbestimmung immer mehr Bewusstsein entsteht für das Freiheitsbedürfnis und die Selbstbestimmung jedes Einzelnen. Und dennoch: Das Leben ist voll von Grenzerfahrungen, Aufgaben, Notwendigkeiten. Jeder Einzelne ... muss lernen, mit seinem Willen und seinem Handlungsvermögen sozialverträglich umzugehen.«

Strafe oder Belohnung als solche lehnen die beiden Kinderärzte komplett ab. Wenn ein Kind etwas angestellt oder kaputt gemacht hat, wird damit sozusagen proaktiv umgegangen: Es gibt keine Strafpredigt oder eine sinnlose Strafe, sondern es wird (altersgerecht) gemeinsam überlegt, was nun getan werden kann. Das Kind wird danach in den Prozess des Wiederherstellens eingebunden, der entstandene Schaden gemeinsam behoben, das Gespräch darüber ist auch sehr wichtig. Belohnungen, so Glöckler und Goebel, sollten auch immer einen direkten Zusammenhang zum Gegenstand haben, denn es geht hier um etwas sehr Wichtiges: die Willensbildung.

TEST 15: OHNE VERBOTE AUSKOMMEN

Beim Spielen an der Playstation gibt es zwischen Ben und Elias einen Streit. Einen ziemlich heftigen sogar, nicht nur Schimpfworte und Beleidigungen fliegen im Raum herum, sondern – nach einem kleineren Handgemenge – auch der Playstation-Controller. Das Ding soll eigentlich Ben treffen, der springt aber zur Seite und der Controller geht den Weg alles Irdischen, sprich: Er zerschellt auf dem Holzboden.

Ich persönlich finde es – ehrlich gesagt – nicht besonders schlimm, dass das Ding jetzt kaputt ist. Nachdem ich den wütenden Elias getröstet und beruhigt habe, kehre ich wieder ins Wohnzimmer zurück, wo die beiden anderen noch dabei sind, das Ereignis zu verarbeiten: »Mama, jetzt kriegt der Elias aber wirklich zwei Wochen lang Spielverbot!«, fordert Ben. »Das wird jetzt Zeit, er sollte doch schon gestern welches bekommen.« »Aha«, sage ich, »findest du? Wenn hier jemand Spielverbote verteilt, dann doch wohl ich, lieber Ben.« »Und«, füge ich hinzu, »du hattest ja auch einen gewissen Anteil am Geschehen, oder etwa nicht?« »Nö, wieso?«, fragt Ben unschuldig. Da schaltet sich Jonas ein und sagt: »Ben hat Elias die ganze Zeit immer ins Spiel hineingeredet.« »Ja, aber das darf ich doch!«, findet Ben, »hier im Wohnzimmer darf doch jeder sein!« »Na ja, das kommt ja immer darauf an«, hake ich nach. »Und ich weiß auch schon, wie wir es machen: Du und Elias, ihr teilt euch die Kosten für den neuen Controller.« »Nein, da mache ich nicht mit, ich habe ihn doch nicht geworfen!«, brüllt Ben sofort. »Am besten halten wir heute Abend eine Familienkonferenz ab, wenn Papa auch dabei ist«, sage ich.

Hilfreich: Familienkonferenzen

Wir machen sie nicht oft, aber immer öfter, seit unsere Kinder älter sind, und in diesem Fall war es wirklich nötig. Bei der Familienkonferenz sitzen alle zusammen am Tisch und Streitpunkte werden demokratisch verhandelt. Und diesmal läuft es gut. Jeder sagt, was ihm auf dem Herzen liegt, und ich habe dann allen meine Idee erklärt, wie wir das Problem lösen: Bei uns gehören zu einem Streit immer zwei, die sich hinterher einigen müssen. Und wer etwas kaputt macht, das einem anderen gehört, der ersetzt es eben wieder.

Meiner Ansicht nach sind mehrere Dinge kaputtgegangen: Die Playstation-Fernbedienung zum einen und zum anderen: Elias und Ben haben sich gegenseitig verbal einiges Verletzende und Kränkende an den Kopf geworfen, das in dem Moment auch sicher so gemeint war. Carl will nun mit Elias und Ben gemeinsam zum örtlichen Elektronikgroßhandel fahren und dort einen neuen Controller besorgen. Elias und Ben stimmen außerdem zu, ab sofort zum Ausgleich nun besonders nett zueinander zu sein.

FAZIT:

Eine erzwungene Entschuldigung wollte ich nicht und ein Verbot gab es auch nicht, aber es hat funktioniert: Die beiden sind seitdem richtig nett zueinander, von diesem Streit ist nichts mehr zu spüren. Das Allerwichtigste aber war mir: Das ewige Thema »Daddeln oder nicht« hatte diesmal nicht im Mittelpunkt gestanden, es war nur um uns gegangen.

Es mal ohne Verbot oder Strafe zu versuchen und einen Vorfall als Grund zu nehmen, die zwischenmenschlichen Beziehungen wieder enger werden zu lassen, kann ich von daher nur empfehlen! Und ein gewisser Überraschungseffekt – denn niemand hatte mit einer solchen Lösung gerechnet – ist da nur förderlich.

Sucht? Oder nur Pubertät?

Werden unsere Kinder jetzt alle süchtig?
Zu viel blaues Duschgel auf einem
Fußballkalender spricht dafür.
Oder haben sie nur »Pubertät«?
Können Onlinetests zum Thema
irgendwie weiterhelfen?
Was bringt ein Mediennutzungsvertrag?
Was sagen Experten zur Suchtgefahr
von Computerspielen?
Wir betrachten allgemeine Tipps für Eltern
zum Thema Suchtvorbeugung.

SIND WIR ELTERN VON WLAN-JUNKIES?

Seit einiger Zeit haben wir einen neuen Mitbewohner. Mein Sohn Max, Typ Michel aus Lönneberga, ein lustiger blonder Kerl, ist quasi über Nacht ausgezogen. Stattdessen wohnt in seinem Zimmer plötzlich Maxi Touretti. Den Namen hat Alex, sein zwei Jahre älterer Bruder, erfunden. Es ist bestimmt keinen Orden für *political correctness* wert, seinen Bruder als »Touretti« zu bezeichnen, aber dieses definitiv gesunde Kind mäht inzwischen die gesamte Familie verbal nieder.

Als Neupubertierender schimpft und pöbelt Maxi, was das Zeug hält. Alle Mütter von Teenagern wissen, wovon ich spreche. Seine aggressiven Tiraden treten vorzugsweise dann auf, wenn ich ihn mehrfach aufgefordert habe, das Smartphone beiseitezulegen. Von einem Comic, der ja bei der Vorbereitung auf eine Lateinarbeit auch wenig hilfreich ist, trennt er sich gar nicht so lautstark und sehr viel schneller. Interessant!

JUNGER WILDER

Hat mein Sohn mehr als 30 Minuten vor einem Bildschirm verbracht, tritt Maxi Touretti in Erscheinung, sobald irgendjemand von ihm fordert, sein Smartphone wie verabredet wieder in die Diele zu legen. Wiederholte Nachfragen und das Androhen von Sanktionen machen ihn noch aggressiver. Bis tatsächlich einmal eine halb volle Flasche Duschgel gegen die Wand fliegt. Die Flasche platzt, das blaue Duschgel spritzt und ergießt sich zäh fließend über die Tapete, den geliebten Fußballkalender und das Bett. Maxis Laune erreicht ihren Tiefpunkt. Daraufhin kommt es zu Resignation und verzweifeltem Geheul (wegen des Kalenders). Er tut mir schon ein bisschen leid.

Dass ich nun weiß, was seine Attacken auslöst, ist nicht hundertprozentig tröstlich. Es wirft viel zu viele Fragen auf: Ist es schon Sucht? Oder nur Pubertät? Oder beides? Es ist jedenfalls für meine Auffassung von friedlichem Zusammenleben zu viel und es besteht ganz klar Handlungsbedarf, denn so kann es auf gar keinen Fall weitergehen. Ich rufe Ella an, ein Notfalltreffen ist jetzt an der Reihe.

WANN WIRD AUS ABHÄNGIGKEIT SUCHT?

Ich, Ella, kenne solche Situationen nur zu gut aus eigenem Erleben. Sonst wäre das ja alles gar nicht so schwer mit den Mediennutzungszeiten. Aber genau wie Katrin frage ich mich in solchen Fällen immer, ob das noch normal ist oder schon Computersucht? Horrorbilder wie die – immerhin begabten – Hacker aus Hollywood, die im sozialen Aus, umringt von leeren Pizzakartons, in dunklen Höhlen leben und die Welt von einer Serverstation aus im Griff haben, sind ja noch offensichtlich fiktive Vorstellungen, ein Klischee aus Spielfilmen. Aber schließlich steigen die Zahlen der computersüchtigen Kinder und insbesondere der männlichen Jugendlichen in Deutschland ständig. Jeder kennt die ein oder andere Geschichte aus dem Bekanntenkreis von dem Studenten, der, kaum aus dem fürsorglichen Elternhaus entlassen, anfängt zu studieren, aber dann nicht das tut, was er soll, sondern den ganzen Tag am PC daddelt und seine Prüfungen vergeigt, wenn nicht sogar vergisst.

Wir informieren uns über dieses Thema, über das niemand gerne redet. Auch die Bundeszentrale für gesundheitliche Aufklärung sieht ja die Gefahr, spricht aber nicht offen von Sucht, sondern betont immer wieder auch, wie sinnvoll Medien und Mediennutzung für unsere Welt sind.

IST COMPUTERSUCHT EINE ECHTE SUCHT?

Chinesische Forscher haben herausgefunden, dass das Gehirn von Internetsüchtigen die gleichen Auffälligkeiten aufweist wie das eines Menschen, der von Alkohol, Marihuana oder Kokain abhängig ist. Der Teil des Gehirns, der Nervenfasern enthält, zeigt Spalten und Risse: »Dadurch werden Hirnregionen unterbrochen, die nötig dafür sind, Emotionen zu empfinden, Entscheidungen zu treffen und das eigene Verhalten zu kontrollieren.«

Teenies tauschen oft genug ihren Freundeskreis komplett aus, wechseln die Sportart oder das Musikinstrument, oder hören damit auf, haben überhaupt keine Lust zu lernen und halten Staubsaugen in ihrem Zimmer für völlig überschätzt. Alles das ist normal. Aber in Kombination mit größerem Medienkonsum kann einem das Sorge bereiten.

Mir wird täglich aufs Neue von unseren Kindern vor Augen geführt, dass dies ein schmaler Grat ist und viele Computerspiele durchaus Suchtpotenzial haben. Beispiele gibt es genug: Soll das Kind aufhören zu spielen, jammert es herum »Nur das Level noch zu Ende«. Oder es tobt. Wahrscheinlich hat jeder schon erlebt, welche frühkriminelle Energie sich plötzlich Raum verschafft, wenn das Smartphone dem Zugriff der Eltern entzogen, irgendwo versteckt wird, damit es nicht eingesammelt werden kann, oder mit welcher Kraft um das Ding gekämpft wird, um jede Minute WLAN mehr, um jede weitere halbe Stunde Play-station. Warum ist das so? Täglich erleben wir aufs Neue an unseren Kindern Verhaltensweisen, die womöglich die Anfänge einer Sucht bedeuten können.

ANZEICHEN FÜR PROBLEMATISCHE PC-NUTZUNG

- ◇ Müdigkeit
- ◇ Haltungsschäden
- ◇ Vernachlässigung von schulischen Aufgaben und häuslichen Pflichten
- ◇ Verlust sozialer Kontakte
- ◇ Verzicht auf sonst übliche Freizeitgestaltung (Quelle: BZgA)

ALLES SUCHTIS, ODER WAS?

»Ihr seid ja echte Suchtis«, sage ich eines Tages ganz unpädagogisch zu meinen Kindern, als die Diskussion um die Medienzeit wieder einmal nicht enden will. »Mama, chill doch mal«, sagt Elias, mein Jüngster. »Wir sind nicht süchtig. Süchtige, die stehen extra nachts auf, um zu spielen, und schwänzen die Schule, damit sie gamen können.« Und zur Bekräftigung: »Und – machen wir das etwa?«

»Aha«, sage ich, »und woher weißt du das so genau?« Es stellt sich heraus, dass dieses Wissen schon in der Grundschule in der »Internet AG« vermittelt wurde. Meine Kinder haben ja aus eigenem Interesse bereits sehr früh in ihrem Leben eine gewisse Medienkompetenz erworben und sehen die Frage »Sucht« recht abgeklärt, so, als ob es sie gar nicht beträfe. Dass aber diese Vorstellung vom Süchtigsein nur die Endstufe einer Liste ist, haben sie sich nicht gemerkt.

Laut BZgA sind 7,1 Prozent der Zwölf- bis Siebzehnjährigen von Internetsucht betroffen, in absoluten Zahlen sind das 270 000 Jugendliche, laut Marlene Mortler »etwa doppelt so viele wie 2011«. (Stand: Februar 2017)

Beim Zahnarzt stoßen wir in *Dein Spiegel* vom April 2017 auf den Selbsttest »Hast du noch die Kontrolle?«, in dem es um Handysucht geht. Da wir sowieso warten müssen, macht Elias den Test und es stellt sich heraus: Er könnte seine Smartphonenutzung zwar vielleicht ein bisschen verbessern, bleibt aber am unteren Ende der Besorgnisskala. Im Internet schaue ich mir auch mit den anderen beiden verschiedene Suchttests an, die aber nicht mehr bringen als ein Psychotest in irgendeiner Zeitschrift, bis wir schließlich auf ein echtes Angebot stoßen.

TEST 16: MEDIENNUTZUNGSVERTRAG

Auf der Webseite klicksafe.de finden wir einen Eltern-Kind-Mediennutzungsvertrag, sogar unterstützt vom *Sendung-mit-der-Maus*-Moderator Ralph Caspers. Ben kann ich schließlich überzeugen, sich zusammen mit mir das Ding mal anzuschauen. Und wir erleben beide eine Überraschung. Der Mediennutzungsvertrag schlägt viele Regeln zur Gerätenutzung von Fernsehen, Smartphone und so weiter vor, die dann in ein persönliches Formular übernommen werden können. Nur – über die Regeln müssen Ben und ich uns eher wundern, denn die werden bis auf ganz wenige bei uns schon ganz von selbst befolgt. »Dafür brauchen wir doch keinen Vertrag!«, sagt er und ich stimme ihm zu. Es geht unter anderem viel um Datenschutzbelange, darum, dass man verspricht, nicht Namen und Adresse anzugeben, oder den Eltern Bescheid zu sagen, wenn man im Internet belästigt wird. Auch im Internet etwas kaufen, ohne uns Eltern Bescheid zu sagen, das würden Ben, Jonas und Elias sowieso nicht machen. Das ist für unsere Begriffe selbstverständlich und wurde schon in der Grundschule gelernt. Die Nutzungszeiten sind dagegen ein ganz anderes Thema. Hierzu kann man auch Vereinbarungen einfügen und die Zeitspannen selbst wählen, aber dies empfindet der 15-jährige Ben, wie gesagt, als Zumutung. Immerhin, wer sich wirklich Gedanken machen möchte, kann auch seine eigenen Regeln erfinden und in den Vertrag mit aufnehmen.

FAZIT:

Lebenspraktisch sinnvoll finde ich einen solchen Vertrag nicht, denn vom Inhalt mal abgesehen will ich nicht mit meinen Kindern in eine Vertragsbeziehung treten, mündliche Absprachen reichen bei uns aus. Aber ich kann durchaus empfehlen, sich den Vertrag und die Regeln einmal anzusehen, denn hier sind viele Gefahren und Fallstricke für Kinder aufgelistet, die sich im Internet und bei Computerspielen so bieten. Gut finde ich auch, dass sich die Eltern ebenfalls zu Verhaltensweisen verpflichten. Und wenn ein solcher Mediennutzungsvertrag nur dazu da ist, um das eigene Verhalten zu reflektieren und sich darüber zu unterhalten, ist auch schon etwas erreicht.

WIE EINER SUCHT VORBEUGEN?

Die Zeitbegrenzungen für die Mediennutzung allein helfen unserer Erfahrung nach keinesfalls dabei, um, platt gesagt, die Ziele einer suchtvorbeugenden Erziehung zu erreichen – eher im Gegenteil. Typischerweise verläuft ja ein zeitbegrenztes Spielen an Smartphone & Co. so oder ähnlich: Man vereinbart gemeinsam und friedlich eine Zeitspanne für das elektronische Spielen. Das Kind freut sich und legt los. Doch binnen kürzester Zeit – das Zeitgefühl ist ja immer ein anderes, während gespielt wird – ist die erlaubte Spielphase unweigerlich um, und vorbei ist es mit den Friedensvereinbarungen und das Gemaule geht los.

EIN ANDERES ZEITGEFÜHL

Das Kind findet nun, es hat nicht lange genug gespielt, weil es während des Spielens jegliches Zeitempfinden verloren hat. Dazu kommt noch erschwerend, dass alle Spielergebnisse verfallen, wenn der Spielstand nicht innerhalb einer gewissen Zeitspanne gespeichert werden kann. Das Level muss abgeschlossen werden, fordert das elektronische Spiel (und verspottet damit sowohl die Eltern mit Zeitvorgaben als auch das Kind, das eigentlich gar keinen Konflikt, sondern nur seinen Spaß haben will). Das Kind hat also auch aus Erwachsenensicht logisch nachvollziehbare Gründe, die Zeit nicht einzuhalten. Es möchte sein Erreichtes nicht verfallen lassen, also nichts umsonst getan haben. Und es möchte sein Spiel ordentlich abschließen.

Wichtig: Dinge vollenden dürfen

Warum ist das so? Katrin erklärt mir, dass laut Erkenntnissen aus der Hirnforschung unser Gehirn so strukturiert sei, dass es angefangene Dinge immer zu Ende bringen will, ob nun im Computerspiel oder im richtigen Leben. Der Neurologe Spitzer weist aber auf einen zentralen Unterschied hin: Zum einen gibt es Ziele, die man sich selbst gesetzt hat. Beim Zu-Ende-Spielen an Smartphone, PC oder Konsole sind Idee und Ziel dagegen vorgegeben, wir führen nur aus, was sich jemand anders ausgedacht hat. Das verursacht zusätzlichen Stress.

Und das Beenden eines Spiels kann dauern, und solange wir wollen, dass sich das Kind an Regeln hält und lernt, Zeiten einzuhalten, wird es immer Diskussionen geben. Das liegt in der Natur der Sache: Das Kind wird aus seinem schönen Erleben herausgerissen und die Eltern fühlen sich auch nicht gut, weil sie komplett die Geduld verloren haben.

Zum Genuss erziehen

In dem Ratgeber *Sucht – nein, danke* von Franz Huber – Ähnliches wird man in jedem anderen Buch zum Thema finden – lese ich folgende Schlagworte: Man soll »zum Genuss erziehen«, »sichere Bindungen, Freiräume und vielfältige Spielmöglichkeiten schaffen« sowie »Krisen meistern und das Leben bewusst gestalten«. Besonders fällt mir in diesem Zusammenhang »zum Genuss erziehen« ins Auge, und zwar als deutlicher Widerspruch zu der rigiden Zeitregel …

Wer viel spielt, muss also nicht automatisch süchtig werden. Da bin ich doch schon sehr erleichtert.

Ich hole deshalb eine weitere Meinung ein: Der Psychologe Florian Rehbein ist einer *der* Experten zum Thema Computerspielabhängigkeit bei Jugendlichen. Seiner Ansicht nach entsteht eine Abhängigkeit von den virtuellen Welten nicht unmittelbar durch die viele Zeit, die vor dem PC oder mit dem Smartphone verbracht wird.

TIPPS ZUR VORBEUGUNG VON FLORIAN REHBEIN

1. Bitte nicht schon im Vorschul- beziehungsweise Grundschulalter die Kinder mit einem riesigen Medienfuhrpark ausstatten, auch nicht schon frühzeitig mit einem Smartphone. Ein einfaches Handy ohne zusätzliche Funktionen reicht zum Telefonieren auch.

2. Eltern haben eine Vorbildfunktion: Beispielsweise könnte ein medienfreier Familientag, zum Beispiel der Sonntag, eingerichtet werden, an dem ganz andere Dinge und Unternehmungen gemacht werden.

3. Ein Ausgleich ist wichtig.

Ein deutliches Warnzeichen sieht Rehbein dagegen darin, wenn Jugendliche in einer Selbstauskunft angaben »Computerspiele sind für mich die beste Möglichkeit, meine Probleme zu vergessen«. Das Gleiche gilt natürlich auch für den Smartphonegebrauch. »Sorgen machen sollte man sich dann, wenn sich alles ums Handy dreht und man auch schöne Tätigkeiten unterbricht, um aufs Display zu gucken«, so der Psychologe Kai Müller aus der Spielsucht-Ambulanz des Mainzer Uniklinikums.

Der Zeitfaktor spielt insofern für Florian Rehbein eine Rolle, als dass die am Rechner oder Smartphone verbrachte Zeit nicht für andere Erfahrungen zur Verfügung steht.
»Medien haben einfach ein hohes Faszinationspotenzial und sie machen Dinge einfacher. Also hat man schnell Spaß und Un-

terhaltung und man muss sich im Grunde nie mit dem Smartphone langweilen, wenn man möchte. Aber vielleicht ist es manchmal ganz gut, sich zu langweilen, um auf andere Ideen zu kommen, was man sonst noch machen kann – auch um Kreativität zu wahren und echte Kommunikation stattfinden zu lassen. Komplett alles zu verteufeln und zu verbieten, ist sicherlich nicht der richtige Weg«, sagt Rehbein.

LANGEWEILE ALS KREATIVITÄTSQUELLE

Das mit der Langeweile ist eine gute Idee. Ich beschließe daraufhin, ab sofort (neben meiner Tätigkeit als Mediennutzungszeitkontrolleurin) zur »Langeweilebotschafterin« in unserer Familie zu werden. Für mich scheint insbesondere die manches Mal hektische Smartphonedaddelei, eher nicht das geplante Spielen mit Freunden, auch eine Reaktion auf den stressigen Alltag zu sein. Und wie Florian Rehbein es sagt, denke ich auch: Eine Pause tut allen gut. Und außerdem nützt sie auch etwas. Ich kläre meine Kinder darüber auf, dass eine halbe Stunde Nichtstun ganz andere kreative Ressourcen wecken kann als eine halbe Stunde Computerspielen.

Die Autorin und »Glücksministerin« Gina Schöler findet, dass man Langeweile geradezu üben muss. Viele Menschen hielten es gar nicht mehr aus, ohne Beschallung zu sein oder immer wieder auf ihr Smartphone zu schauen. Sie empfiehlt deshalb, einmal bewusst alles abzuschalten: »Tür zu, Laptop aus, Handy aus, Kopf aus – und schauen, was passiert.« Und auch Jesper Juul bricht eine Lanze für das fade Gefühl: »Langeweile ist der Schlüssel zur inneren Balance – egal in welchem Alter. Diejenigen, die die Unruhe vorbeiziehen lassen, kommen in Kontakt mit ihrer Kreativität.« Meine Kinder erinnere ich an eine Geschichte aus einem ihrer Lieblingsbücher von Rotraut Susanne Berner, in der Karlchen und seine Mama das »Langeweile-Spiel«

spielen: »Man setzt sich auf seinen Lieblingsplatz und macht die Augen zu. Dann denkt man an das, was man am allerliebsten hat.« Von meiner Oma kenne ich noch, wie wir uns abends zum sogenannten »Dämmerstündchen« hinsetzten und einfach nur zum Fenster hinausschauten, bis die Sonne untergegangen und es Zeit war, das Licht anzuschalten.

IN DER HUMMERHÖHLE

Mit Kindern kann man reden, aber wenn einmal die Hormone die Herrschaft über das Hirn übernommen haben, verpufft jeder Hinweis, jede Vereinbarung. Sobald die Pickel sprießen, wird das Kind beratungsresistent. Wir versuchen es mit Tricks. Wer kein Gemüse will, kriegt halt mit Gemüse gefüllte Ravioli oder wir kochen eine Spaghettisoße, in der der halbe Wochenmarkt drin ist, was aber keiner sieht, weil ich das Zeug püriert habe. Beim Smartphone aber bin ich mit meinem Latein am Ende. Ich kann ihnen ja nicht, bis sie achtzehn sind, eine Attrappe in die Hand drücken ... Was also tun? Ich lese noch einmal nach bei Jan-Uwe Rogge, in *Pubertät: Loslassen und Haltgeben*. Rogge erzählt erst einmal die Geschichte des Hummers Rune. Die Idee, dass ein Hummer, der den Panzer wechselt, mit einem pubertären Jugendlichen verglichen werden kann, hat er von der französischen Kinder- und Jugendpsychiaterin Françoise Dolto.

Rogges Rune verkrümelt sich, als sein Kinderpanzer zu klein geworden und abgeworfen ist, in eine Höhle, damit er nicht vom nächstbesten Raubfisch gefressen wird – eben wie ein Teenager, dem sämtliche Klamotten zu klein geworden sind, der aber unfassbar verletzlich auf jede Art von Kritik reagiert. So erleben wir alle unsere Kinder. Was natürlich auch der Grund ist, warum wir unsere Kinder beschützen wollen vor all dem Bösen, was da on- und offline lauert. Der Hummer Rune in Rogges Geschichte »ist allein, genießt die Einsamkeit und träumt davon, wie es wohl werden wird, wenn er erst mal erwachsen ist«. Kommt mir bekannt vor. Mein Hummer heißt Alex, ist inzwischen 15 und liegt stundenlang in seiner Höhle. Ich bin nicht hundertprozentig davon überzeugt, dass er mit dem Smartphone in der Hand nur träumt, wie es wird, wenn er fertig ist mit dem Herumhummern. Ich denke, dass er spielt und Filme guckt.

Das Smartphone als Rückzugsort

Was aber mache ich bis dahin? Tatenlos zusehen, wie meine beiden Hummer in ihrer Höhle einsam herumliegen und daddeln, was das Zeug hält? Jan-Uwe Rogge ist ja der Meinung, Eltern würden viel zu oft die Medien zum Sündenbock für Schwierigkeiten in der Familie machen. Die Medien an sich wären nicht schuld. Nun, Teenies machen viel unnützes Zeug. Das kann man einfach mal so festhalten. Denn wenn Hummer Maxi nicht sein Smartphone in der Hand hat, weil ich es einkassiert habe, so wie anderes Elektronikspielzeug, dann lernt er ja nicht automatisch für die nächste Mathearbeit. Nein, er guckt sich Comics an, die er längst auswendig kennt, oder er starrt einfach aus dem Fenster. Hätte er kein Smartphone, würde er sich mit anderen Dingen beschäftigen, die ihn wahrscheinlich ebenso wenig weiterbringen. Auch vor der Erfindung von PC, Internet und Handy haben sich Jugendliche den Unmut ihrer Eltern zugezogen. Und laut Rogge ist »Pubertierenden der Medieninhalt egal, bedeutsamer ist die Situation, in der sie ein Medium nutzen«. Will sagen: Mein Hummer Maxi fällt nicht dem Smartphone zum Opfer, er benutzt es, um sich zu verkriechen. Diese neue Idee lasse ich mir eine Weile durch den Kopf gehen.

Der Gedanke ist ein Stück weit beruhigend, denn er setzt eine bewusste Entscheidung meiner Kinder voraus, sich abzulenken, sich vom Familienleben abzukapseln. Andererseits: Wie weit soll diese Abkapselung gehen? Soll ich jetzt fünf Jahre warten und in der Zeit alles laufen lassen? Darauf vertrauen, dass da nur ein neuer Panzer wächst? Was, wenn am Ende kein schöner Schmetterling aus der Höhle herausgeflattert kommt, sondern ein potenzieller Amokschütze?

Ganz ehrlich, ich möchte es nicht drauf ankommen lassen. Vor allem, weil ich weiß, dass noch nicht alles verloren ist. Ich sehe noch Licht am Ende des Tunnels. Meine Jungs sind, ebenso wie Ellas, keine Gamer, die komplett in ihren Spielwelten versinken und gar nicht mehr erreichbar sind. Unsere fünf Jungs gehen allesamt zur Schule (immer), trainieren Handball (mehrmals pro Woche), machen ihre Hausaufgaben (meistens) und hören sogar auf das, was wir sagen (gelegentlich). Sie sind also total normal.

Ich erinnerte mich an das, was Ella mir zur Funktion von Eltern als Frontalhirnprothese ihrer pubertierenden Kinder erzählt hat, und nehme diese Mission an.

Die coolste Mama der Welt

Okay, dann bin ich eben ein Hilfsmittel. Mache ich gern, ich liebe meine Kinder, auch wenn sie zuweilen unausstehlich sind. Aber nicht immer sind sie so, und vor allem nicht mit Absicht. Zur Pubertät und deren Launen gehört auch, dass ein Kerl, der eben noch in der Diele stand, die Türen geknallt und rumgebrüllt hat wie ein Jungbulle, dann zu mir aufs Sofa gekrochen kommt und sich den Nacken kraulen lässt. Von Mama. Und es ist ihm egal, ob irgendwer das uncool finden könnte. Wie schön!

Technische Lösungen

Können uns technische Lösungen wirklich entlasten?
Wir testen, welche Wunder eine
elektronische WLAN-Sperre möglich macht.
Ist Technik einfach die bessere Pädagogik?
Familie Brandt hat schnell das Dauergequengel
satt. Hier tritt schon bald der kleine Hacker auf den
Plan und wir lernen Kontroll-Apps kennen ...

WUNDER DER TECHNIK

Vereint im Kampf für gute Schulnoten und gegen zu viel Zeit am Smartphone, die ja wertvolle Zeit ist, in der ein Kind gefördert werden kann, schließen sich Eltern zusammen und tauschen ihre Erfahrungen aus. Alle empfehlen es, und warum sollen wir es nicht auch tun, dachte ich, Ella, als ich den Anruf unseres Nachbarn bekomme, ob wir uns nicht mal zusammensetzen wollen. Die anderen Nachbarn, Andreas und seine Frau, wären auch dabei. Die Kinder verbringen viel Zeit miteinander, und das nicht nur auf dem Fußballplatz oder im Viertel, sondern eben auch vor dem jeweiligen elektronischen Equipment der anderen. »Wir wollen verhindern, dass die vereinbarten Daddelzeiten überschritten werden, indem die Kinder einfach das Haus wechseln«, erklärt mir Florian. Gerne sage ich zu. Austausch ist doch immer gut.

ANDERE FAMILIEN, ANDERE SITTEN?

Und so wandert Familie Brandt am Samstagnachmittag zu Schneiders hin, die Kinder verziehen sich – wie auch anders – mit ihren Smartphones in die Kinderzimmer. Wir Erwachsenen trinken Kaffee und reden über Gott und die Welt, nur nicht über das weit drängendere Thema, weshalb wir eigentlich hier sind. Ich werde ungeduldig und ergreife das Wort: »Eure Kinder spielen auch so viel mit dem Handy, oder? Wie begrenzt ihr das denn?«, will ich wissen. »Ja, natürlich, deshalb sitzen wir ja zusammen«, sagt Florian. »Also wir steuern unser WLAN über diese Box hier«, verkündet er. »Das WLAN ist an, wenn das Licht leuchtet. Und wir können es an- und abschalten.« Ich frage leise bei meinem Mann nach, ob wir auch so etwas haben. Er nickt. Florian erzählt: »Wir fühlten uns bisher damit ganz sicher, bis wir eines Tages entdeckten, dass unsere Tochter dieses Licht einfach mit einem Klebestreifen zugeklebt hat.« Es muss gewaltigen Ärger gegeben haben, denke ich, denn ihm und seiner Frau ist die Empörung über das eigenmächtige Handeln ihres Kindes jetzt noch anzusehen.

Klassik und Moderne

»Also ich nehme den Kindern einfach die Geräte nach einer bestimmten Spielzeit weg und das Tablet ist mit einer PIN gesichert, das muss ich dann entsperren, wenn jemand surfen will«, gebe ich zu, und es klingt doch recht hilflos. »Aber das finde ich auf die Dauer unglaublich anstrengend, immer hinter den Geräten her zu sein. Und am Sonntag ist bei uns elektronikfreier Tag.« Andreas, der andere Nachbar, schaut mich siegessicher an und sagt, er sei eigentlich mit seiner Lösung ganz zufrieden. Er ist IT-Fachmann und erzählt, wie sie es machen, damit ihr Kind nicht so viel spielt: »Ja, wir haben das alles im Griff. Wir haben eine Box, mit der wir Zeiten einstellen können. Also zum Beispiel sonntags von zehn bis zwölf, man kann ganz individuelle Profile anlegen.« »Wirklich?«, frage ich erstaunt nach, »und das funktioniert dann auch?« Ich hatte bisher immer nur von technischen Vorkehrungen zur Sperrung von Webseiten im Internet gehört und irgendwelchen Kindersicherungsprogrammen. Außerdem bin ich kein Technikfreak. Carl wird natürlich hellhörig, als Andreas weiter erklärt: »Ja, und wenn es zu viel wird mit dem Gedaddel, tja, dann wird – klack – der Saft abgedreht.« Er lacht beinahe schon schadenfroh ...

Wäre das auch etwas für uns? Andreas spezielles Lachen klingt mir noch in den Ohren, als ich später zu Hause mit Carl zusammen überlege, ob wir auch so eine Box anschaffen sollen. Kann Technik da eingreifen, wo Menschen überlastet sind? Sicherlich geht das, aber ist das pädagogisch akzeptabel? Diese letztere Frage stellen wir zunächst hintenan, wir wollen es eben ausprobieren und Carl bestellt Gerät und Zubehör, um auch bei uns eine so wunderbare Lösung einzurichten. Unsere mangelnde Durchsetzungskraft ist damit an die Technik delegiert, so mein Gefühl. Aber in der Praxis scheint das zunächst einmal sehr angenehm zu sein. Technik soll ja das Leben erleichtern, nicht wahr, und frohen Sinnes beginne ich, mich mit den Möglichkeiten des Geräts vertraut zu machen.

TEST 17: DIE WLAN-BOX

Die Box ist zunächst einmal ein einfacher Router, der Telefon, Fax und WLAN möglich macht. Dazu aber gibt es die Kindersicherungsabteilung. Hier kann ich Webseiten mit unerwünschten Inhalten auf eine Blacklist setzen. Und außerdem, das ist ja der wahre Grund für die Anschaffung: das Internet ab- und anschalten, wie ich will. Hurra! Ich fühle mich so freudig wie Karlsson vom Dach, der den An-Aus-Knopf am Fernseher drückt und dabei ruft: »Der Hausbock kommt und geht wie ich will.«

Eine völlig neue Dimension tut sich auf: Pro Kind kann ich ein Profil anlegen und dann Nutzungszeiträume einstellen, beispielsweise von 15 bis 17 Uhr. Und diese Zeiten dann noch zusätzlich eingrenzen, indem ich sage: In diesem Zeitraum erlaube ich an diesem Wochentag aber nur eine Stunde wirkliches Onlinesein. Dann nur noch die Geräte zuordnen, und fertig!

Aber da merke ich schon, dass ich mich zu früh gefreut habe: Pro Gerät, soweit wir das Handbuch verstehen, können wir nur einen einzigen Nutzer zuordnen, nicht mehr. Also hat diese Box definitiv ihre Grenzen. Unsere Kinder, zu dieser Zeit 13 und die beiden Jüngeren 11 Jahre alt, besitzen zwar jedes ein Smartphone, aber sie teilen sich gemeinsam einen PC. Die Zwillinge haben zu zweit sogar einen gemeinsamen *Minecraft*-Account, und die PS3 wird von allen benutzt, selbst wenn es nur zum Filmegucken ist.

Nur für Einzelkinder

Für eine Familie mit einem Einzelkind, das ausschließlich eigenes elektronisches Equipment besitzt, ist eine solche Box natürlich perfekt, für uns als Mehrkinderfamilie mit scheinbar reduzierter elektronischer Ausstattung aber überhaupt nicht. Trotzdem ordne ich jedem Gerät bestimmte Onlinezeiten zu. Mehr geht nicht. Anpassen muss ich das dann nach Bedarf, was dazu führt, dass mich ab jetzt die folgende Frage sofort aggressiv macht: »Mama, stell mir mal das WLAN an!!!«

Als weitere Folge muss ich auch erleben, wie meine Kinder plötzlich besonders lieb und nett zu mir sind, um mich WLAN-gnädig zu stimmen. Und sie sind besonders aggressiv und ärgerlich, wenn ich Nein sage, und schimpfen über die »elektronische Fußfessel«. Außerdem muss ich mir Vorwürfe anhören wie »Mama, du bist ja kontrollsüchtig!«.

Kein schöner Effekt. Immerhin zeigt sich daran, dass die Jungs noch wirklich reizend und zuvorkommend sein können, wenn sie nur wollen. Trotzdem hat die Technik bei Weitem nicht das eingelöst, was ich von ihr erwartet hatte. Meine Nerven liegen weiterhin blank und abends die Handys einsammeln muss ich auch immer noch.

Außerdem sind, wie ich schnell feststellen musste, Daddeln und Onlinesein zwei völlig verschiedene Dinge. Ich bin mir hunderprozentig sicher, das Internet ausgestellt zu haben, als ich Ben wieder einmal völlig absorbiert mit seinem Handy auf dem Bett liegen sehe. »Sind denn die Spiele niemals zu Ende?«, frage ich. »Wenn ich Internet habe, kann ich mir ja wieder neue runterladen«, sagt er nur lakonisch, grinst mich kurz an und widmet sich dann wieder seinem Offlinespiel.

FAZIT:

Technik ist keine Entlastung, höchstens eine neue Krücke, mit der man auch nicht besser laufen kann. Und: Die Kinder sind sauer, mit so einem *Bid Brother* leben zu müssen, der ihnen aus der Luft sozusagen die Quelle aller Freuden absperrt. Natürlich habe ich ihnen erklärt, was mit der Box passiert. Wer aber schon nicht einsieht, was überhaupt eine Zeitbegrenzung soll, der rebelliert auch gegen die elektronische Sperre. Und außerdem verdirbt die gnadenlose Abschaltung den Spielspaß. Denn wer aus der Runde fliegt, weil sich sein WLAN ausstellt, der muss beim nächsten Mal Strafpunkte in Kauf nehmen. Ich will ihnen ja nicht vorsätzlich schaden, sondern nur die Spielzeit begrenzen. Die Box aber vertritt die Zero-Tolerance-Strategie. Und zum Thema Elterntreffen habe ich auch eine geteilte Meinung. Denn leider wurden unsere Vereinbarungen, uns gegenseitig zu unterstützen, schon am darauffolgenden Sonntag ad absurdum geführt. Meine Kinder waren nämlich zum Wii-Spielen bei Florians Kindern eingeladen. Als ich darauf hinweise, dass das doch unser elektronikfreier Tag sei, soll ich locker bleiben und mal eine Ausnahme machen ... Also weiß ich ab sofort, dass ich hier meinen eigenen Weg gehen muss. Nur ein Gutes hatte die neue Technik: Ich bin froh, immerhin eine gewisse Kontrolle zu haben. Und: Ich bin die Herrin der Box.

DER KLEINE HACKER

An einem ganz normalen Samstag erfährt meine technisch abgesicherte Position leider einen Dämpfer. Ein Teil der Familie erledigt gerade den wöchentlichen Großeinkauf, alle anderen haben sich in ihre Zimmer zurückgezogen, die WLAN-Zeiten beginnen alle erst am Nachmittag und ich denke: Prima, jetzt kann ich ja einfach mal ein paar liegen gebliebene Dinge erledigen und beginne am PC mit der Steuererklärung. Ich vergesse die Zeit, denn ich habe wirklich Ruhe. Keiner kommt wegen irgendwelchem elektronischen Gerät oder nicht vorhandenem WLAN an, um herumzuquengeln. Irgendwann wird mir diese Ruhe aber unheimlich. Da kann doch etwas nicht stimmen: Elias sitzt nach wie vor am PC, ungefähr so lange wie ich.

ICH MACH MIR DIE WELT, WIE SIE MIR GEFÄLLT

So lange wie ich? Das kann doch nicht sein? Offline-Minecraft spielen macht doch nicht plötzlich so viel mehr Spaß als Online-Kämpfe? Ich gehe hin, nachschauen. Freundlich stelle ich mich neben dem Rechner auf, überhöre die Aufforderung »Mama, stör jetzt nicht, die Runde läuft!« (es handelt sich um *Minecraft BedWars* oder Ähnliches), »Wir gewinnen gerade!«. Ich stelle die für mich relevante Frage: »Ich dachte, du hättest gar kein WLAN mehr ...« Da dreht sich das Kind mit verschmitztem Grinsen zu mir um: »Doch, wieso?« Mit einem vielsagenden »Aha« gehe ich, leicht verunsichert, wieder zurück an meinen Rechner und befrage die WLAN-Box, ob sich an den Einstellungen womöglich etwas geändert hätte. Es sieht alles genau so aus, wie ich es eingestellt habe. Vorsichtshalber stelle ich die Zeiträume noch mal ein, bestätige wieder mit »O.k.« – vielleicht hat das Gerät ja irgendetwas nicht begriffen … und gehe wieder ins Kinderzimmer. Der Effekt ist gleich null, die Frage ans Kind »Hast du noch Internet?« erübrigt sich, Elias spielt lässig online weiter, als ob nichts wäre.

Auf Hackers Spuren

Bisher habe ich ja mit dem technischen Innenleben der Wunderbox, die mir diese zweifelhafte Macht verleiht, nichts weiter zu tun gehabt. Nun ist aber anscheinend Kenntnis und Virtuosität erforderlich. Da der versiertere Papa gerade nicht verfügbar ist, muss und will ich es jetzt selbst wissen.

Ich klicke mich rein: Die Bedienungsoberfläche der Box gibt sich den Anschein der Übersichtlichkeit, auch Benutzerfreundlichkeit genannt, schön weißblau, das beruhigt farblich wenigstens. Ich lese mir unsere Homesite dieser Box durch. Vielversprechend ist die Einstellung »Filter«, alle unsere Geräte bekommen dort ihr Profil zugeordnet. Der Kinder-PC hat nach wie vor sein altes Profil, daran kann es also auch nicht liegen.

Offensichtlich ist aber, dass der Junge mal so eben die WLAN-Box umgangen hat – nur wie? Ich intensiviere meine Nachforschungen. Es dauert ein bisschen. Aber auch die Mamas von kleinen Hackern sind nicht ganz dumm: Beim nochmaligen Durchschauen aller Optionen entdecke ich eine erste Unregelmäßigkeit: Die Box zeigt den Kinder-PC in der Rubrik Netzwerkgeräte gleich ganze drei Mal an. Sieh an. Wir finden heraus, dass unser Schlingel das Standardprofil nutzt, um in den Ge-

Als der Papa wieder zur Verfügung steht, halten wir Kriegsrat. Wohl oder übel müssen wir gemeinsam die Tatsache akzeptieren: Wir sind entmachtet. Aber nur vorerst! Und natürlich sind wir uns einig: Das geht so nicht!

nuss unbegrenzten WLANs zu kommen. Diese Tür zum Paradies sperren wir erst mal. Die offensive, leicht provisorische Lösung ist ein ganz neues Profil. Standard gibt es jetzt bei uns nicht mehr. Im zweiten Schritt stellen wir das Kind zur Rede, freundlich, aber bestimmt. Der kleine Hacker merkt ganz genau, dass wir ihn trotzdem gut finden, und erzählt uns bereitwillig, wie er es gemacht hat. Die Lösung war so einfach … Man googelt und stellt eine Frage, zum Beispiel: »Wie umgehe ich die WLAN-Box?« Anschließend braucht es nur noch eine gehörige Portion Chuzpe, um das auch wirklich umzusetzen …

Zwar hat so ein kleiner Hacker genug Wagemut, aber viel zu wenig Wissen, denke ich, um sich gar nicht erst auszumalen, dass das ganze Heimnetzwerk abraucht, wenn man mal so dies oder das herunterlädt oder Dinge deinstalliert … Das möchte auch ich mir nicht im Detail ausmalen.

Kontroll-Apps

Nach meinen Erfahrungen mit der WLAN-Box kann ich über all die derzeit angebotenen Zeitkontroll-Apps für Smartphones nur müde lächeln. Sie heißen *Menthal*, *Checky*, *Offtime*, *Hypnobeep* oder *Qualitytime* und zeichnen die persönlichen Nutzungsgewohnheiten auf. Wenn bestimmte Auszeiten eingehalten werden, gibt es eine Belohnung. Mit wieder anderen Apps wie Power Schedule lassen sich Voreinstellungen vornehmen, die das Gerät nach einer bestimmten Zeit abschalten können. Für Erwachsene sind sie sicher geeignet! Für Kinder und Teenager auf gar keinen Fall.

So viel zum Thema »Technik erleben« bei uns in der Familie Brandt. Nach wie vor nutzen wir die Krücke WLAN-Box, aber nach wie vor gibt es auch jede Menge Konflikte, über die gesprochen werden muss. Zum Glück, sage ich mal, um es positiv zu sehen, denn Technik kann und sollte nicht die Kommunikation zwischen Menschen ersetzen.

TEST 18: BACK TO THE ROOTS ...

Bis zu dem Tag, wo auch bei Familie Fuchs eine WLAN-Box mit all den herrlichen Einstellungsmöglichkeiten installiert wird, kehren wir zu den alten Hausmitteln zurück. Denn die zugeteilten Daddelzeiten einfach handgestoppt von den Jungs selbst abmessen zu lassen, hat sich als unbefriedigend erwiesen. Um es diplomatisch auszudrücken. Sie haben überzogen, ich habe nicht darauf geachtet, anschließend gab es Gebrüll und Proteste. Der Gipfel war, dass Alex irgendwann auf Maxi deutete und schrie: »*Der* durfte aber fünf Minuten länger überziehen! Ich hab erst nach dem angefangen! Das ist unfair! Und ich bin zwei Jahre älter! Da darf ich auch länger überziehen!«

Ich habe dann einigermaßen wortlos alle Geräte einkassiert und alles Weitere auf den nächsten Tag verschoben. Beim Friseur las ich eine Zeitschrift mit einem Artikel über Promimütter und deren Kinder. Die haben übrigens die gleichen Probleme wie ich. Und sie lösen sie auf dieselbe Weise. Ich darf dann mal an dieser Stelle Ute Lemper zitieren, die Kinder im Alter von 22, 20 und 10 Jahren hat: »Ich würde am liebsten den ganzen Fernseher und die Videospiele auf den Müll werfen. Davon sind sie richtig abhängig.«

Ich wünsche ja niemandem, dass seine Kinder von irgendwas abhängig sind, aber irgendwie fand ich es tröstlich, dass es auch so einer Promimama nicht anders geht als mir. Allerdings hat Frau Lemper keinen brauchbaren Tipp, wie sie das Problem löst. Auf der nächsten Seite empfahl Dana Schweiger dann dafür: »Bei Teenies hilft immer: WLAN ausstellen.«

Hauptsache: transportabel und laut

Ja, schade, aber wenn *ich* den Stecker ziehe, ist mein Homeoffice tot. Irgendwie musste ich die Smartphonezeit mechanisch begrenzen! Bei dem Stichwort »mechanisch« klingelte es bei mir.

Natürlich! Die gute alte Eieruhr. Gleich, als ich frisch getönt und geföhnt vom Friseur kam, rauschte ich in die Küche, nahm die Eieruhr und baute mich vor meinen Söhnen auf. Ich verkünde, dass die zugeteilte halbe Stunde Daddelzeit am Nachmittag (nach den Hausaufgaben) künftig mithilfe der Eieruhr einzuhalten sei. Die Mailcheckerzeiten morgens und abends ebenso. Maxi und Alex finden das zunächst ein wenig seltsam, dann aber recht praktisch, weil sie die Uhr ja mit ins Zimmer nehmen können. Allerdings haben sie nicht beachtet, dass das gute Stück herrlich laut klingelt. So laut, dass man es in der ganzen Wohnung hört. Der Vorteil ist, dass auch ich höre, wann denn das Smartphone gleich in der Ladestation in der Diele abgelegt werden müsste. Und wenn nicht, dann können die Herren sicher sein, dass ich gleich auf der Matte stehe.

FAZIT:

Natürlich versuchen sie mich zu übertölpeln und die Uhr zu verstellen. Aber ganz blöd bin ich natürlich auch nicht, ich bin durchaus in der Lage, das ein wenig mit meiner Armbanduhr nachzuhalten. Mir geht es nicht um Minuten oder Sekunden, aber auf eine Viertelstunde Überziehungszeit reagiere ich allergisch. Und wenn ich ankündige, die überzogene Zeit am nächsten Tag abzuziehen, gibt Alex meist klein bei. Maxi stellt sich dumm und geht im entscheidenden Moment aufs Klo, um dann scheinheilig zu verkünden: »Echt? Hat's geklingelt??? Hab ich gar nicht gehört ...« – Natürlich hat die Eieruhr auch ihre Grenzen. Akustische Grenzen. Wenn ich nicht da bin, wird das Klingeln natürlich überhört. Will sagen: Wir schlagen uns so durch mit dieser Lösung.

Hin und wieder aber muss ich aus meiner Rolle als Frontalhirn-prothese raus, dann treffe ich mich mit Ella auf einen Kaffee oder zwei. Oder wir gehen ins Kino. So wie neulich.

Vorher hatte ich noch einen kleinen Grabenkampf mit Alex ausgefochten. Seine letzte Englischarbeit war eine Vier minus gewesen und statt wie vereinbart zu lernen, spielte er irgend-einen Blödsinn auf dem Smartphone. Ich war in Zeitnot und sah rot. Da sich Alex keiner Schuld bewusst schien, alles abstritt und keinerlei Anstalten machte, mir das Ding auszuhändigen, drehte ich auf dem Absatz um, stöpselte die WLAN-Box aus und stopfte sie in die Handtasche.

Ich konnte mir ein leises Grinsen nicht verkneifen, als ich – kaum vor der Wohnungstür – Alex in wütendes Gebrüll ausbre-chen hörte. Na, sollte er nur!

ZURÜCK
IN DIE STEINZEIT

Mit Ella sah ich den Film *Captain Fantastic*. Es geht um eine Familie, die ausgestiegen ist und in einer selbst gebauten Hütte im Wald, weit weg von allem und jedem, sehr archaisch lebt. Das Essen wird selbst angebaut, und wenn Fleisch auf den Teller soll, wird Wild gejagt, getötet, geschlachtet und gegrillt. Die Kinder werden von den Eltern unterrichtet. Und ohne jemals eine Schule besucht zu haben, bekommt der Älteste die Zulassung für diverse Eliteunis. Klar, dass es weder Computer noch Handy gibt, ja nicht einmal ein Festnetztelefon. Diskussionen über Daddelzeiten gibt es demnach nicht, aber natürlich sind auch da die Kinder nicht mit allem hundertprozentig glücklich, was die Eltern wollen. Die große These ist: Was man nicht kennt, das vermisst man nicht. Ja, dachte ich zu diesem Zeitpunkt, genau das ist es!

WAS ZUSAMMENLEBEN AUSMACHT

Nun ja. Auch diese Kinder wissen, dass es »da draußen« auch Leute gibt, die anders denken und handeln. Der älteste Sohn, siebzehn oder achtzehn, will hinaus in die Welt, studieren, ebenso wie seine Eltern damals. Bei Ausflügen zum Einkaufen und Telefonieren in einem Dorf und später, als er seine Cousins kennenlernt, merkt er, dass er anders ist, dass er mit den anderen nicht kommunizieren kann. Und zwar real, analog. Er spürt, dass er andere Erfahrungen gemacht hat – und empfindet dies als Makel. Genauso sein jüngerer Bruder, der einfach nur normal sein will, so wie andere Kinder auch. Es kommt zum Konflikt innerhalb der Groß- und der Kleinfamilie, in dem deutlich wird, dass auch das vollständige Verneinen und Verbieten keine echte Lösung ist. Denn so abgeschottet kann man gar nicht leben, dass ein Kind nicht mitbekommt, dass es von etwas ferngehalten wird. Übertragen auf die Smartphonedebatte bedeutet dies, dass wir uns mit dem Problem auseinandersetzen müssen, dass unsere Kinder einen vernünftigen Umgang mit dem Internet, PC und Smartphone lernen müssen. Nicht so sehr, um mithalten zu können in der Welt, sondern um sich selbst zu schützen. Um gewappnet zu sein gegen die Versuchungen, immer und immer wieder den kleinen Ablenker in die Hand zu nehmen. Wenn man – übertragen auf unser Thema – also die Geräte wegnimmt, entsteht kein Lerneffekt. Klar sind die Kinder dann eine Weile mit etwas anderem beschäftigt, aber die handyfreien Minuten oder Stunden hat man sich teuer erkauft: mit Konflikten, Streit und der Tatsache, dass die Kinder einen ziemlich gemein und unfair finden. Einsicht kann man mit dieser Methode wohl nicht erwarten.

Alle Eltern meinen es gut mit ihren Kindern, keiner will dem eigenen Kind absichtlich schaden, doch manchmal ist eben »gut gemeint« das Gegenteil von »gut«.

Im Film besitzen diese Kinder zwar ein enormes Wissen, sind auf sozialer Ebene aber unerfahren. Sie kennen nur ihre Eltern und Geschwister wirklich, anderes Leben nur »aus diesen Scheißbüchern« – der Weltliteratur, die ihre Eltern sie lesen lassen. Aber ihre normal aufwachsenden Cousins sind ebenso wenig sozial kompatibel, sie sind Smombies, die alles über ihre Spiele wissen, jedoch kaum »echte Bildung« besitzen. Weder der Weg in die Steinzeit noch Laissez-faire sind eine Lösung, dachte ich und holte an der Haustür die WLAN-Box aus der Tasche.

Gleich im Anschluss musste ich feststellen, dass mein netter Abend in Begleitung von Ella und der WLAN-Box auch negative Folgen hatte: Nicht nur war mein Mann einigermaßen ungehalten gewesen, dass er den Liveticker eines Champions-League-Spiels nicht verfolgen konnte, wenn das Spiel schon nicht im Fernsehen übertragen wurde … Auch bei Alex war nicht der gewünschte Erfolg eingetreten. Ich hatte damit gerechnet, dass sich der Junge nach dem Zornausbruch in sein Kämmerlein zurückzieht und ein bisschen lernt. Mitnichten. Warum auch? Papa war ja wutschnaubend zum Nachbarn gestürmt, der hatte nicht nur WLAN, sondern auch Sky. Und dann sitzt der Junge da im Bett, grinst mich an und erklärt: »Ach Mama, offline FIFA15 hab ich ja ewig nicht gespielt! Das war richtig schön!« Ich dachte, mich trifft der Schlag ...

MAMA IS WATCHING YOU

»Sag mal«, fragt mich Beate verständnislos, »hast du etwa die App nicht?« Wir sitzen beim Elternsprechtag auf Stühlchen im Gang und warten auf den Termin beim Mathelehrer. Beates Tochter Lea ist in Maxis Klasse. »Nee«, antworte ich vorsichtig. Beate hält mir ihr Smartphone unter die Nase. Sie hat ziemlich viele Apps auf ihrem Gerät. »Schau!« Sie tippt eine Kachel an. »Lea ist zu Hause!« Beate hat eine sogenannte Parental-Control-App, mit der Eltern ihre Kinder überwachen können.

Es gibt da ein ganzes Spektrum solcher Apps zum Preis von drei bis acht Euro im Monat, je nachdem, wie weit die Spitzeldienste gehen sollen. Manche Apps funktionieren nur wie eine elektronische Fußfessel für Straftäter, sodass die Eltern ihr Kind jederzeit orten können. Andere Apps hacken sich in den Internetverlauf des Kinderhandys, andere lesen sogar alles mit, was geschrieben und gepostet wird. Ich lehne solche Apps ab – wie jede Art der Überwachung.

Als Beate zum Mathelehrer ins Zimmer geht, stehe ich im Schulflur und mache mir meine Gedanken über die Kontroll-Apps: Will ich wirklich wissen, auf welchem von drei möglichen Wegen Maxi mit dem Fahrrad zum Training fährt? Will ich mein Kind fernsteuern und jede Nachricht, die es schreibt, mitlesen? Will ich meinem Kind verbieten, mit jemandem zarte pubertäre Bande zu knüpfen, ohne das zum Familienthema zu machen? Will ich so viel Zeit in die Überwachung meines Kindes stecken? Will ich nicht lieber darauf vertrauen, dass mein Kind weiß, was es tut?

Zu Hause lese ich ein paar Artikel zum Thema und stoße auf Lotte Rose, eine Pädagogik-Professorin an der Frankfurt University of Applied Sciences. Sie erklärt: »Jugendliche sollen selbst entscheiden können, mit wem sie ihre Gedanken und Gefühle teilen. Jeder Mensch hat ein Recht auf Privatheit.« Und der Kinderschutzbund legt sogar noch eins drauf: »Wenn Sie Ihren Kindern vertrauen, sollten Sie diese App nicht kaufen.«

Dann fällt mir Ellas kleiner Hacker wieder ein. Elias hätte diese App längst deaktiviert, wenn nicht auf Papas Handy umgelenkt.

Ich bin der Meinung, dass Vertrauen wichtig ist. Nicht nur das Vertrauen zum Kind, sondern auch das Vertrauen zu mir selbst. Ich vertraue darauf, dass ich bei der Erziehung meiner Kinder einiges richtig gemacht habe, sodass sie keinen größeren Blödsinn anstellen. Hundertprozentige Sicherheit ist eine Illusion. Aber wenn ich meinen Kindern zeige, dass ich ihnen vertraue, haben sie die Sicherheit, dass auch sie mir vertrauen können und dass sie sich mir anvertrauen können, wenn etwas passiert ist. Das ist mir wichtiger. Ich will diese Apps nicht. Ich vertraue mir selbst, meinen Kindern und ihrem zweifellos gesunden Menschenverstand.

Reformpädagogik und Detoxstrategien

Ist Detox der neue Stein der Weisen?
Können Montessori, Steiner und Co. weiterhelfen?
Wir testen den kalten Entzug und machen Ferien
ohne Geräte, buchen Urlaub im Funkloch, erleben
Natur und treiben Sport, spielen vermeintlich
verstaubte Gesellschaftsspiele und haben erstaunlich
viel Spaß. So ist in unserem Fall jede analog
verbrachte Minute mehr denn je den Einsatz wert.

FREIHEIT, DIE ICH MEINE

Captain Fantastic hat Ella und mich dann doch auf eine Idee gebracht: Wenn es schon nicht für immer und ewig ist, nicht für ein ganzes Leben taugt, in die Steinzeit zurückzugehen, dann vielleicht mal für einen begrenzten Zeitraum. Und so ganz die Steinzeit muss es ja auch nicht sein, oder? Ich auf jeden Fall will nicht auf fließendes Wasser und Latte Macchiato verzichten!

Trotzdem wollten wir dem digitalen Dauerstress unserer tagtäglichen Realität etwas Ernsthaftes entgegensetzen. Wir wollten den Daddelteufelskreis durchbrechen und uns und dem Rest der Familie Luft zum Durchatmen verschaffen.

ALTERNATIVE SCHULEN – WIE LÄUFT ES HIER?

Das, was im Film von den Eltern gelebt wurde, war Reformpädagogik in ihrer radikalsten Form: die Erschaffung einer utopischen Selbstversorgergesellschaft im Kleinen nach Platons Staatsentwurf und auf der Grundlage der gesellschaftskritischen Erkenntnisse Noam Chomskys. Von allem etwas, das Ganze amerikanisiert und auf der Grundlage, dass dort auch Heimunterricht möglich ist, der überhaupt gar keinem Lehrplan folgt. Wir wollen ja nicht dieses ganze Paket, aber ein Häppchen Montessori und etwas von Steiners Waldorfpädagogik. Aber geht Steiner light?

Ein Blick über den Weihnachtsmarkt der Waldorfschule, wo ich mich mit Ella treffe, sagt mir, dass auch dies keine Insel der Glückseligen mehr ist. Zu meiner grenzenlosen Verwunderung sehe ich hier dieselben Teenies wie überall: in dunklen Hoodies und die einen oder anderen mit hängendem Kopf über dem Smartphone. Ich hatte, gelobt seien die Vorurteile, eher selbst-gebatikte Ökoshirts und Orffsche Musikinstrumente erwartet. Immerhin sehe ich auf dem Ankündigungsplakat, das vor den ersten Schulgebäuden aufgestellt ist, den Hinweis, dass die Besu-cher gebeten werden, möglichst keine Handys auf dem Gelände zu benutzen. Auch einige Erwachsene fummeln mit ihren Tele-fonen herum. Dass das Smartphone während des Unterrichts und bei Schulveranstaltungen nicht benutzt werden soll, das ist in unseren staatlichen Schulen genauso, also auch nichts Außer-gewöhnliches. Und – wie gesagt, nicht alle halten sich daran. Ella kennt einige Waldorfeltern näher und weiß, dass bei denen zu Hause genauso viel und häufig Smartphones genutzt werden und gezockt wird wie bei uns, wenn nicht sogar schlimmer. Und leider geht es uns, Ella und mir, ja genau darum: um den Medi-enkonsum in der Freizeit.

VON MARIA MONTESSORI LERNEN

Deshalb schaue ich in das *Montessori-Elternbuch* von Ingeborg Becker-Textor. Natürlich hat sich Maria Montessori nicht mit Smartphones beschäftigt, sie ist ja schon 1952 verstorben. Aller-dings wurden ihre Theorien und Erkenntnisse natürlich wei-tergedacht. Frau Becker-Textor erklärt daher auch etwas über den »Umgang mit dem Fernse-hen, Gameboy & Co.« aus Sicht der Montessori-Pädagogik. Sie verdammt dabei weder Medien noch die entsprechenden Ge-rätschaften – das ist schon mal erholsam. Aber sie macht auf die Gefahren aus medienkriti-

Entspannung, und da sind sich Maria Montessori, die Medien-theoretiker und Neurologen dann wieder einig, findet ausschließlich im Gehirn statt. Das geht begreiflicherweise weder mit dem Dschungelcamp im Fernsehen noch mit Face-book via Smartphone.

scher Sicht aufmerksam und gibt zu, dass bewegte Bilder »auf Kinder aller Altersstufen eine nahezu magische Anziehungskraft« ausüben. Da sind wir uns absolut einig. Auch wenn sie sich vehement dagegen ausspricht, Fernsehen als »Einschlafhilfe« anzuwenden. Für sie steht fest: »Kinder müssen fernsehen erst lernen.« Nachdem das Buch ein paar Jahre alt ist, setze ich »Fernsehen« synonym mit »Smartphone & Co.«.

Es geht der Autorin um das Gleichgewicht zwischen Mediennutzung einerseits und Entspannungsphasen, Naturerlebnissen und Bewegung andererseits. Genau da, das wird mir klar, liegt das Missverständnis unserer Teenies, sie setzen jede körperliche Inaktivität mit Chillen (vulgo: Entspannung) gleich. Bloß weil ich mich beim Glotzen auf das Smartphone nicht bewege, bedeutet das nicht, dass man sich auch entspannt. Denn Chillen mit Handy ist, als würde mein früherer Volleyballtrainer Joachim sagen, »nur Muskelerschlaffung, sonst nix«.

Das leuchtet mir ein, aber wie kriege ich echte Entspannungsphasen und Naturerlebnisse ins Leben meiner Kinder?

Solange die Kleinen noch im Kindergarten sind, ist das im Normalfall einfach, auch Grundschüler akzeptieren in aller Regel Fahrradtouren, monatliche Ausflüge in den Wildpark oder sind stillen Kuschelstunden am Sonntagnachmittag auf dem Familiensofa nicht abgeneigt. Aber wer hat schon mal mit einem schwer begeisterten 13-Jährigen Bilderbücher angeguckt? Oder ihm eine mittellange Wanderung mit eingehenden Naturbeobachtungen vorgeschlagen und wohlwollende Bereitschaft erlebt? Reine Fantasievorstellungen.

Man muss es aber, und das bestätigen alle Pädagogen, immer wieder versuchen und sollte nicht aufgeben, seine Jugendlichen von ihren Flimmerapparaten wegzuzerren, um

Wir haben unseren Kindern ja schon erklärt, warum sie nicht ständig daddeln sollen. Sie haben es verstanden, können oder wollen es aber doch nicht lassen. Bei all den radikalen Experimenten, die wir gemacht haben, fehlt nur noch die längere digitale Entgiftung.

ihnen noch andere Erfahrungen aus dem echten Leben zu ermöglichen.

Ja, diese unerfreuliche Aufgabe, für die man nur sehr wenig Beifall ernten wird, ist dummerweise der Job von uns Eltern. Nun kommen wir wieder mit unserer Vorbildfunktion ins Spiel. Leider aber reicht es nicht, einfach nur vorzuleben, wie ein vernünftiger Medienkonsum aussehen kann. Teenies sind nun mal keine Entenküken (mehr), die brav und gut gelaunt hinterherlatschen, wenn man einen Sonntagsspaziergang macht. Und nein, sie machen auch nicht etwa einen eigenen selbstbestimmten Spaziergang an der frischen Luft, sie zeigen uns einen Vogel. Wir müssen sie richtig vorbereiten, so will es die Montessori-Pädagogik: »Heute wird uns bewusst, dass das Kind zuerst verstehen muss, bevor es nachahmt.« Wie wahr, wie mühsam.

OFFLINE FÜR EINSTEIGER

Digital Detox ist ein Trend. Immer mehr Arbeitnehmer fühlen sich digital überfordert. Verständlich, denn wer will schon gern permanent erreichbar sein und bis in die Nacht Fragen von Kollegen oder vom Chef beantworten? Bei verschiedensten Veranstaltern kann man Seminare, Camps und Vorträge zur »digitalen Entgiftung« (oder besser: dem Onlineentzug) buchen, auch Reiseveranstalter werben inzwischen mit »Entspannung pur« und »Urlaub im Off(line)«. All das, weil sich viele Leute gestresst oder gar depressiv fühlen, weil sie kurz vor dem Burn-out stehen oder unter Konzentrationsstörungen und Schlafmangel leiden.

Nur aus richtig alten Filmen (aus den Sechzigern oder Siebzigern) kennen wir noch Szenen, in denen ein Unternehmer an seinem Schreibtisch sitzt, dann den Telefonhörer zur Hand nimmt und seiner Sekretärin, drei Meter weiter, einschärft: »Bitte keine Gespräche durchstellen. Ich möchte bis elf Uhr nicht gestört werden!« Großartig.

TEST 19: DIGITAL DETOX FÜR ANFÄNGER

In den Sommerferien fuhr Max für eine gute Woche zu einem Handballturnier. Mehrmals und immer fett gedruckt machte der Trainer uns Eltern sowie die Kinder schriftlich darauf aufmerksam, dass niemand für Wertsachen irgendeine Art von Verantwortung übernehmen würde oder könnte. Man würde in Schulen übernachten und die Tage auf Sportplätzen verbingen und sollte bitte so wenig Geld wie möglich mitnehmen und sich das Mitnehmen von Handy, iPod etc. gut überlegen.

Dass die im Turnbeutel am Spielfeldrand abgelegten Handys unter Umständen nass werden oder geklaut werden könnten, fand Maxi so wenig reizvoll, dass er beschloss, sein erst einen Monat altes Smartphone daheim zu lassen und lieber gar nicht zu Hause anzurufen.

Ich wollte ihn da auch gar nicht überreden. Außerdem wusste ich, dass einige andere Eltern ebenfalls dorthin fahren und den Sommerurlaub anhängen wollten, unter anderem Ella. Ich würde also bestens informiert sein über das Wohlergehen meines Helden.

Was soll ich sagen: Maxi hat es überlebt. Nicht nur das. Er hat es ziemlich gut gemanagt. Es hat ihn nicht sonderlich gestört, dass er einer von ganz wenigen war ohne eigenes Smartphone. Es gab genug zu tun. Und genug andere, die ein Gerät dabeihatten und denen man über die Schulter gucken konnte ...

FAZIT:

Das Ende vom Lied war natürlich, dass er die Daddelzeit, die ihm »entgangen« ist, nachgeholt hat. Doppelt und dreifach, denke ich. Alle Suggestivfragen, die ich seitdem stelle, wie »Kannst du eigentlich nicht ohne das Ding sein?«, »Hältst du es überhaupt aus, mal eine Stunde ohne das Ding zu sein?« steckt Maxi natürlich seitdem kalt lächelnd weg und sagt süßlich: »Weißt du doch, Mama. Sogar eine ganze Woche!« Immerhin habe ich nun einen Beweis dafür, dass das Kind nicht handysüchtig ist.

Einfach mal abschalten und wieder durchatmen, sicher sein, dass nichts rappelt, klingelt, stört, das wollen wir auch, und zwar in regelmäßigen Abständen. Eine mehr oder weniger freiwillige

Detox-Woche kann da ein Anfang sein. Denn das Digitale soll nicht die Oberhand in unserem Leben und dem unserer Kinder erhalten. Wir wollen mindestens eine Balance – und die erreichen wir nur, indem wir gewisse, ungünstige Gewohnheiten durchbrechen und neue, bessere Gewohnheiten etablieren. Dass das guttut und mitunter notwendig ist, so viel haben wir inzwischen gelernt. Nach der digitalen Auszeit von Maxi erlebten wir nämlich den guten alten Jo-Jo-Effekt – wie nach jeder anderen Diät auch. Mit dem Daddeln verstärkte es sich kurzfristig noch. Die gedankliche Querverbindung mit der Diät, das brachte mich Monate nach dem digitalen Detoxerlebnis dann auf eine neue Idee.

TEST 20: JUNK-FASTEN

Um langfristig abzunehmen und das Gewicht zu halten, muss man ja auch seine Ernährung zumindest eine ganze Weile lang umstellen. Eine Woche Salätchen picken und danach wieder fröhlich Burger futtern bringt bekanntlich auch wenig. Da muss das Junk-Food schon dauerhaft weg.

Wie es der Zufall wollte, standen wir kurz vor der Fastenzeit. Allüberall im Religionsunterricht wird gerne darüber diskutiert und debattiert, wie denn eine geeignete Fastenzeit aussehen könnte. Auf was man denn sieben Wochen lang verzichten könnte, um dann hinterher ein besserer, gesünderer, klügerer Mensch zu sein. Die Hausaufgabe von Maxis Religionslehrerin bestand dann auch genau darin, dass sich ein jeder Schüler bis zum nächsten Donnerstag überlegen sollte, wie denn die eigene Fastenzeit sinnvollerweise aussehen

Mein erster Gedanke war: Sieben Wochen ohne Smartphone, iPod, Tablet, Computerspiele = himmlische Ruhe. Maxis Vorschlag war: Sieben Wochen keine Hausaufgaben. Darauf, so meinte er, könnte er am besten sieben Wochen lang verzichten.

könnte. Frau Bauer dachte dabei sicherlich an Dinge wie »nicht schlecht über andere reden«, »jedem Mitschüler Respekt entgegenbringen«, »keine Schimpfwörter in der Schule« und so weiter in dieser Richtung.

Wir hatten in der Folge dann mal ein ernstes Gespräch über den Unterschied zwischen Verzicht und Nichtmachen von Dingen, die man sowieso nicht mag. Verzicht muss schwerfallen, ein bisschen wehtun, sonst bringt es nichts, sonst bringt es einen nicht weiter, finde ich. Deswegen erfand ich kurzerhand das Junkfasten. Auf einem großen Zettel wurde genau aufgelistet, worauf wir (und zwar die gesamte Familie Fuchs) von Aschermittwoch bis einschließlich Ostersamstag verzichten wollten:

◇ Junkfood wie Fastfood, Tiefkühlpizza, Currywurst
◇ Junksüßkram wie Gummibärchen und Lakritz
◇ Junk-TV wie Shows, Trickfilme und Serien
◇ Junkliteratur wie hirnlose Comics
◇ Junkdaddeln zum Zeitvertreib

Das ließ einen gewissen Spielraum. Erlaubt waren beim Essen die sogenannten Mama-Burger, also selbst gemachte Burger mit Biobrötchen, Salat vom Markt, selbst gebratener Frikadelle – also das Gegenteil von Fastfood. Auch auf Omas selbst gebackene Kekse und Schokolade zur Nervenstärkung wollten wir nicht verzichten, das wäre unmenschlich. Fernsehen wollten wir mit Einschränkungen erlauben, also Nachrichten, Infosendungen und Filme, die wir für sinnvoll erachten. (»Wir« hieß in diesem Fall Stefan und ich.)

Modifiziertes Junkdaddelfasten

Für PC, Internet und Smartphone bedeutete der Junkverzicht: kein Daddeln, keine Spiele. Chats mit Kumpels und Fußballnachrichten dagegen ließen wir zu. Der Plan war, auf alles zu verzichten, in dem nur irgendeine Art von Suchtpotenzial steckte, sei es in Form beigemischter Geschmacksverstärker in Tütenchips und Fertiggerichten oder Cliffhangern am Ende einer Serienfolge im Fernsehen. Die mit dieser Entzugserfahrung verbundene Hoffnung war, dass die Teenies erkannten, dass Fernsehen auch wahnsinnig langweilig sein kann (das *heute journal* hat meines Wissens noch niemand in die TV-Sucht getrieben), und sich daran gewöhnten, die Geräte einfach so und freiwillig abzulegen, wenn alles Notwendige gelesen war.

Wir versuchten uns also am ganz großen Kompromiss. Ein Problem mit Kompromissen zu lösen, hat ja oftmals zur Folge, dass vieles Auslegungssache ist. Einerseits durften die Kinder also fernsehen, andererseits wurde das Angebot vorselektiert. Infolgedessen entwickelte sich in dieser Zeit, in der nur ausgewählte Filme und Beiträge im Fernsehen angesehen werden durften, bei Alex und Max eine schier unstillbare Gier nach Naturdokus. Ob es sich dabei nun um Lemuren auf Madagaskar oder die Streckenführung der Transsibirischen Eisenbahn handelte, völlig egal – Hauptsache, die Kiste lief.

Apps gucken erlaubt

Zwar war damit die These von Jan-Uwe Rogge bestätigt, dass bei der Mediennutzung die Situation entscheidend ist, und nicht so sehr das Medium oder sein Inhalt, aber auf diesen Beweis hätte ich auch verzichten können. Eine andere Kompromisslösung unsererseits war es zu erlauben, Apps anzugucken. Das sorgte für große Heiterkeit bei den jüngeren Mitbewohnern, die sich erstmal einen Spaß daraus gemacht haben, uns zu ärgern, indem sie haufenweise Info-Apps auf ihre Smartphones geladen haben. Von Music-Apps über Börseninfos, Sparkasseninfos, Onlineversionen von Zeitschriften bis hin zu Google-Übersetzer und Kalorienzählern. Letzteres natürlich nur, um mir zu zeigen, wie schwachsinnig mein Plan war.

Tipps & Tricks zur Fastenzeit

Aber sieben Wochen sind eine lange Zeit. Stefan und ich gaben nicht auf, wir zogen den Plan durch, ließen die Jungs auf Granit beißen. Und siehe da, irgendwann wurde es ihnen zu blöd, uns mit Informationen zu belästigen, die sie selbst überhaupt nicht interessieren. Es war nämlich auch für sie nicht mehr lustig, die Sparkassen-App anzugucken, wenn sich keiner mehr darüber aufregte oder genervt abwinkte. Und zu irgendeinem Zeitpunkt normalisierte sich die Anzahl der Handy-Apps wieder und die Nachrichten-App von *Spiegel online* hat Alex übrigens immer noch nicht gelöscht. Auch das verbuchen wir auf der Habenseite als didaktischen Erfolg.

Zwischendurch stellte sich irgendwann die Frage, wie man überprüft, ob das Kind jetzt eine Info-App anschaut oder vielleicht doch insgeheim eines seiner Spiele auf dem Bildschirm vor sich hat und daddelt? Antwort: Gar nicht. Ich muss ihnen einfach vertrauen. Allerdings kann man auch mal nachsehen, ob das Kind sein Smartphone nun hochkant oder quer hält. Quer bedeutet meistens Spiel, Infos liest man üblicherweise auf einem vertikal gehaltenen Handy.

Alex unterlief diesen elterlichen Überprüfungstrick dadurch, indem er das Kunststück fertigbrachte, sich halb liegend so auf seinem Sitzsack zu drapieren, dass sein Handy von der Tür aus gesehen hochkant aussah, er es aus seiner Position aber quer halten konnte, um zu spielen. Der Punkt ging an mein durchaus erfinderisches Kind. Ganz klar, den hatte es sich verdient. Er hatte sich Gedanken gemacht und war in gewisser Hinsicht kreativ gewesen. Ich konnte vor allem deswegen darüber lachen, weil mir sofort klar war, dass das keine Haltung war, in der man stundenlang verharren konnte. Nicht einmal zehn Minuten dauerte es, da stand Alex stöhnend auf, legte das Smartphone freiwillig in der Diele ab und begann auf und ab zu hüpfen und sich zu dehnen. Es geht doch nichts über ein bisschen Ausgleichssport. Ein Punkt für mich, unentschieden.

FAZIT:

Der Weg war steinig, aber unsere zahlreichen Diskussionen haben auch bei Alex und Maxi längerfristig zu einem etwas reflektierteren Umgang mit den Geräten geführt. Immer mal wieder jedenfalls. Andererseits kann und will ich von Teenagern nicht erwarten, dass sie sich wie abgeklärte Erwachsene verhalten. Ein bisschen Grenzenaustesten gehört dazu und muss sein. Wobei man sagen muss, dass die Gewichtung der Dinge, die erlaubt sind, individuell unterschiedlich sein kann. Meine Cousine hat ihrer Tochter für die Fastenzeit ein striktes Chatverbot ausgesprochen. Die Mädels chatten offenbar, was das Zeug hält, spielen dafür kaum Spiele. Die 13-jährige Isabella lernte in der Fastenzeit das Telefonieren mit dem Festnetzapparat und das Einhalten von Verabredungen.

DIGITAL DETOX FÜR FORTGESCHRITTENE

Was würde *Captain Fantastic* dazu sagen?, frage ich mich. Wir, die Familie Brandt, versuchen ja schon seit jeher, ein wenig mehr Naturerleben in unser Leben zu bringen. Denn ich finde das wichtig. Und ich weiß von früheren Reisen und Unternehmungen, wie man Feuer macht oder dass man Brennnesseln auch essen kann und dass sie sehr gut schmecken.

Daher will ich das auch an meine Kinder weitergeben, dieses Gefühl, dass ich zur Not auch allein mitten im Wald mit meinen eigenen Augen, Ohren und Händen und Füßen etwas ausrichten kann. So weit ich zurückdenken kann, hat mich gerade das immer sehr glücklich gemacht. Deshalb sind auch unsere Urlaube schon immer so viel Zivilisationsdetox wie möglich. Der beste fand vor ungefähr drei Jahren statt.

TEST 21: CAMPING OHNE STROM

In zwei Wochen sollte es losgehen: Wir wollten mit dem Zelt nach Südfrankreich. Wir hatten ohne Strom gebucht, denn schließlich war unsere gesamte Campingausstattung wie Kühlbox und Kochgelegenheit stilecht gasbetrieben.

Als zum ersten Mal die Frage kam »Mama, gibt es auf dem Campingplatz auch WLAN?«, wurde ich hellhörig. Sofort sah ich meine Kinder alle drei den ganzen Tag unter der Zeltplane liegen und sich die Augen verderben. Sie würden noch nicht einmal die Füße in den kleinen Badesee mit Gebirgswasser tauchen, höchstens einmal nach langem Überreden darauf Kanu fahren, geschweige denn irgendeine gesunde Urlaubsbräune erwerben. Und das Schlimmste war: Ich würde den ganzen Tag nur damit beschäftigt sein, Handys einzusammeln.

Also beschlossen wir, dass die Geräte nicht mitkommen würden. Elias und Jonas blieben relativ gelassen, als ich ihnen verkündete, dass wir ohne elektronische Kommunikations- und Unterhaltunghilfsmittel fahren würden, weil es erstens vor Ort keinen Strom gab und ich zweitens auch mal richtig Urlaub machen wollte. Nur Ben schaute sehr traurig drein.

Selbst mir war eigentlich schon beim Gedanken an die Fahrt nicht ganz wohl, denn normalerweise nehmen wir die elektronischen Geräte mit, damit die Kinder im Auto beschäftigt sind. Wir starteten also in ein in vielerlei Hinsicht ungewisses Abenteuer. Und siehe da: Die Fahrt verlief wider Erwarten ruhig.

Geht doch

Unser erstes Mal mit dem »neuen« Zelt war für alle sehr aufregend. Und keiner redete von Geräten. Ich war doch sehr erleichtert und dachte nur: Im Kindergarten hatten sie ja schon gesagt, Kinder gewöhnen sich schnell an andere Umstände. Das schien hier auch so zu sein. Entspannt lehnte ich mich zurück. Es würde ein herrlicher Urlaub werden. Und das wurde es auch – mit kleinen Abstrichen.

Außer mir hatte, glaube ich, keiner Zeit, einen Gedanken an sein Daddelglück zu verschwenden, es gab ja sowieso keinen Strom und genug andere Ablenkungen. Nur ich machte mir Sorgen, wie ich wohl mein Jobhandy aufladen könnte, um meine Mails abzurufen, aber diesen winzig kleinen Wermuts-tropfen nahm ich gern in Kauf. Ich war so glücklich, die Kinder auch, bis auf Ben, der sich beschwerte, er würde sein mitgebrachtes Buch nun schon zum vierten Mal durchlesen. Da gab es aber Abhilfe in meinem Gepäck, und so las Ben und las und las, angefangen bei *Tschick* und *Der Hundertjährige, der durchs Fenster stieg und verschwand* und noch einige mehr.

Elias war stolz wie Oskar, als er seine erste Forelle fing, und Jonas hatte sich einen Lieblingsplatz am kleinen Bergsee gesucht, wo er mit seiner Angel ganze Nachmittage verbrachte.

FAZIT:

Vor drei Jahren war, was den Medienverzicht betrifft, viel mehr möglich, die Jungs erst zwölf und zehn Jahre alt. Ich denke mal, dass heute keins meiner Kinder ohne das Smartphone freiwillig losfahren würde. Probieren werde ich es immer und immer wieder, solche Ferien zu machen wie diese. Ich war so tiefenentspannt und glücklich, dass es mir dann auch egal war, als die Kinder in der dritten Woche den Campingplatz-PC entdeckt hatten, den es für die Gäste im Café am See zu Recherchezwecken gab. Ich ging nur einmal hin und sagte ihnen, dass sie aufhören müssten zu spielen, wenn jemand anders den Computer brauchte, das war's. Besonders Ben war von da an ab und zu mal einfach verschwunden, aber auf die Frage, wo Ben wäre, wurde von nun an geantwortet: »Ach, der ist wohl wieder recherchieren.«

TEST 22: FERIEN IM FUNKLOCH

In den Herbstferien ist bei uns, Familie Brandt, eine Woche Eifelurlaub Tradition, seit die Kinder klein waren. Das Haus liegt direkt am Wald und, wie schön, mitten im Funkloch. Selbst Handytelefonate sind nur an einer bestimmten Stelle auf dem

Hof möglich und WLAN gibt es keins. Unsere Kinder finden allerdings schnell Ersatzlösungen: Die Einkaufsausflüge sind diesmal besonders beliebt, denn im Drogeriemarkt gibt es kostenfreies WLAN. Kaum dort angekommen, stürmen unsere Kinder hinein, jetzt geht es nur noch darum, in der kurzen Zeit möglichst viele neue Spiele herunterzuladen. Die Detoxqualitäten zeigen aber ihre Wirkung: Trotzdem wird in dieser Woche so viel wie möglich gewandert und im Wald herumgelaufen, Staudämme im kleinen Bach gebaut und im Herbst Pilze gesucht.

FAZIT:

Egal ob Ferienhaus, Campingplatz oder Berghütte: Ohne WLAN Urlaub zu machen, lohnt sich immer, weil sich ganz andere Freiräume eröffnen und so gemeinsame Ideen entwickelt und umgesetzt werden können. Selbst wenn man sich nicht ganz aus der Welt ausklinken kann und kleine Forscher immer einen Weg finden, wie sie an ein neues Spiel kommen. Immerhin gibt es einen Effekt: Die Eltern merken, dass ihre Kinder noch viel mehr können, als an ihren Geräten zu kleben. Und die Kinder lernen bei all den Detox-Aktionen, dass es auch anders geht.

Spielvarianten aus der analogen Welt

Es ist klar, dass der äußere Zwang (kein WLAN) und die besondere Situation im Urlaub (Eltern haben Zeit für gemeinsame Aktivitäten) die wichtigsten Faktoren dafür sind, dass Detox wirklich gelingt. Und dafür, dass Dinge gemacht werden, für die sonst kaum Zeit bleibt: Gesellschaftsspiele wie *Zug um Zug*, *Carcassonne*, *Rummikub*, *Monopoly* und so weiter.

Ich finde, bei solchen Spielen kann man einfach mal jemand anders sein, sich extra dumm anstellen oder schummeln, dass es kracht. Auch Verlieren lernt man am besten erst mal analog.

EIN-TAG-DETOXTRAINING

Eine Idee für ein Training in Sachen Selbstkompetenz ist der Elektronikverzicht als Selbstversuch, am besten machen es Eltern und Kinder gemeinsam: Einfach mal einen Tag ohne jegliches Gerät zubringen. Kein Smartphone, kein PC, keine Playstation, kein Tablet. Sachzwänge sollten dann keine Rolle spielen. Und die Eltern sehen ja dann, wie sich das Kind dazu verhält – beziehungsweise die Kinder, wie schwer es den Eltern fällt. Es geht nicht darum, jemanden zu ärgern! Alle sollten sich zusammen mit den anderen Familienmitgliedern selbst vorher einschätzen, wie gut sie das aushalten (ist ja auch in gewisser Weise Ehrensache), und sich währenddessen selbst beobachten: Wie fühle ich mich? Fällt mir überhaupt noch etwas anderes ein, was ich machen kann? – und nachher gucken, wie der Tag so verlaufen ist. Am besten noch wichtige Eindrücke notieren.

Wer Detox praktiziert, möchte ja eine Sache weglassen, um etwas anderes dafür einzutauschen. Das stärkt die Identität. Wer merkt, dass er auch »ohne« zurechtkommt, wird in jedem Fall gefestigt aus einem solchen Training hervorgehen und vielleicht ganz neue Interessen entdecken oder alte Hobbys hervorholen. Und entdeckt: Ich kann etwas – sei es Fische fangen, essbare Pilze erkennen, Lagerfeuer machen, reiten, Minigolf spielen, fotografieren, zeichnen, Modelle bauen oder auch der weltbeste Witzeerzähler sein, was auch immer.

Erziehung zur Selbstkompetenz

Was wir mit all den Detoxaktivitäten unseren Kindern auch zeigen und vorleben wollen, ist, dass es eine Vielfalt an Tätigkeiten und Beschäftigungen geben kann. Georg Milzner erklärt in seinem Buch *Digitale Hysterie* die Strategie »Selbststeuerung lehren statt Spiele verbieten«. Er regt dazu an, die Kinder zur *Selbstkompetenz* neben der vielbesprochenen Medienkompetenz zu erziehen: »Selbstkompetenz … ist womöglich noch wichtiger, denn die digitale Welt kann in fataler Weise dazu verführen, sich selbst zu wenig wahrzunehmen und an Grundbedürfnissen vorbei zu agieren. Die Fähigkeiten, um dies zu vermeiden und sich selbst adäquat zu steuern, müssen wir Erwachsenen unseren Kindern beibringen.« Es geht ihm um einen »fördernden, offenen Kontakt« und um »Gespräche, die das Medium nicht verteufeln, sondern mit dem Kind gemeinsam herausfinden, welche Aktivität ihm wohltut und welche ihm schadet …« Grundsätzlich sollen die Kinder mithilfe ihrer Eltern lernen, eine Aufmerksamkeit für sich selbst im Zusammenhang mit der digitalen Welt zu entwickeln.

Schön und gut, das kommt unserer Erfahrung sehr nahe. Doch ich bin der Ansicht, dass diese Aufmerksamkeit für sich selbst zunächst einmal ohne digitale Welt da sein sollte, das ist ja auch schon im Kleinkindalter wichtig, dass dies respektiert und wahrgenommen wird.

Heute ist Gegenteiltag

Eltern sollen ja Anteil nehmen an dem, was ihre Kinder so tun. Wir probieren einen Rollentausch, den wir lustiger finden als unsere Sprösslinge: Wir hängen stundenlang mit Smartphone und Tablet in der Ecke, spielen Minecraft und Assassins Creed oder FIFA 16, bis unsere Kinder uns die Geräte abschalten, und schauen bis zum Abwinken YouTube-Videos. Dabei finden wir so einiges über unsere eigene digitale Existenz heraus.

MAMA SPIELT JETZT MIT!

Noch einmal zurück zu *Captain Fantastic*: Die Gegenwelt zu seiner Welt ist die »normale« amerikanische Gesellschaft, wo über Tod oder Krankheiten nicht offen gesprochen werden darf, wo die Menschen oft übergewichtig sind, weil sie so viel Softdrinks konsumieren und sich so wenig bewegen, und wo auf der einen Seite eine unglaubliche Prüderie herrscht und jede Abweichung vom Mainstream mit Entsetzen quittiert wird, auf der anderen Seite aber elektronische Spiele und die grässlichen Monster darin fraglos das Kinderzimmer bevölkern dürfen.

IN WELCHER WELT LEBEN WIR EIGENTLICH?

Nehmen wir den Film als Spiegel, so können wir uns ja auch fragen: Was tun wir dafür, was haben wir für eine Umgebung für unsere Kinder geschaffen, in der es für sie anscheinend nur den Ausweg in elektronische Welten gibt? Ewig gestresste Erwachsene – vor ihren Geräten chillende Kinder; Gewaltlosigkeit predigen, aber psychischen Druck anwenden: Wie viel ehrlicher ist es dann, Ballerspiele zu spielen? Mainstreamverhalten wird belohnt, abweichendes Verhalten sanktioniert – ist im Internet der einzige Raum geblieben, der Freiheit verspricht? (Ob ein virtuelles Leben überhaupt Freiheit bedeuten kann, sei dahingestellt.) Dazu passt das obige Zitat des Soziologen Zygmunt Bauman.

> *»Folgsamkeit gegenüber vorgegebenen Standards wird heute eher durch Verlockung und Verführung als durch Zwang erreicht – und das Ganze erscheint im Gewand des freien Willens.«*

Äußere Zwänge verwandeln sich demnach in innere – und ich muss dabei direkt an die Belohnungsstrukturen der elektronischen Spiele denken. Das sind die Nachtseiten des Fortschritts. Ganz sicher gibt es aber auch die schönen und lustigen Seiten.

Wir wollen mehr über diese Welten erfahren und stürzen uns jetzt hinein ins Vergnügen: Mama spielt jetzt mit!

IST ES MÖGLICH, DIGITAL NATIVES ZU VERSTEHEN?

Die Generation unserer Kinder wird ja gerne als *Digital Natives* bezeichnet. Ein Leben ohne permanente Erreichbarkeit ist für sie schwer vorstellbar. Uns als Elterngeneration, die wir eine Kindheit und Jugend ohne Handy und Internet überlebt haben, ist dagegen diese Selbstverständlichkeit nicht gegeben. Zwar fragen auch wir uns zuweilen, wie wir manches früher ohne diese Hilfsmittel organisieren konnten, denn irgendwie haben sich PC, Internet und Smartphone in unser Leben eingeschlichen.

Wie können wir die *Digital Natives* wirklich verstehen, wie über ihr Gamingverhalten urteilen, wenn wir es nicht selbst ausprobiert haben? Vor mir lag ein terminloser Sonntag, optimal für ein kleines Experiment. Die Idee dahinter ist ganz einfach: Wenn unsere Kinder merken, wie nervtötend es ist, wenn niemand mehr reagiert, erkennen sie darin vielleicht ihr eigenes Verhalten uns gegenüber und sind in der Zukunft empfänglicher für unsere Argumente. Wir wollten ihnen einen Spiegel vorhalten und den Spieß mal umdrehen.

TEST 23: WIR ZOCKEN JETZT AUCH

Mit großer Freude dabei war übrigens mein Mann beziehungsweise das Kind in ihm. Endlich konnte er mal seine Vorbildfunktion sausen lassen und hemmungslos surfen – im Internet. Und Stefan nutzte es voll aus, er las und spielte und shoppte seit dem Aufwachen. Wo ich online nach Schuhen stöberte, schaut er sich mit Hingabe Boxen, Sportuhren und Grillzubehör an.

Ich wollte mich dagegen genderkonform und wie ein Teenie verhalten. Aus sicherer Quelle weiß ich, dass Mädchen endlos viele Videos bei YouTube gucken. Die entsprechenden Links hatte ich mir von meiner Freundin Anja schicken lassen, die eine 14-jährige Tochter hat. Also stöpselte ich meine Kopfhörer ein und rief YouTube auf. Ich schaute Beautyvideos. Ernsthaft. Ich habe anderen Menschen dabei zugesehen, wie sie ihre Fingernägel lackieren. Ausgerechnet ich. Ich mag keine bunten Nagellacke! Und ich habe Dinge gesehen, die wollte ich nie wissen. Zum Beispiel, wie man Pünktchen auf pinkfarbene Krallen malt … Ich hatte ziemlich schnell genug von diesem hyperaktiven Kind, das sich laufend verhaspelte und fragte: »Äh, wo war ich?«. Aber alles, was ich danach fand, waren extrem unvorbereitete, gefühlt 15-jährige Mädels, die mit Kindergartenwitzen erklären, was man gegen Pickel macht. Warum sollte man sich das ansehen? Es ist so viel realistischer als damals die Beauty-Seiten in *Bravo* oder *Mädchen*. Ich sehe schließlich ein, dass ich nicht die Zielgruppe bin für »Das größte Kaugummi der Welt« oder »Black Mask auf dem ganzen Körper«.

Außerdem stört mich, dass der gewünschte Effekt bei den Jungs ausbleibt. Stefan bookmarkt lautstark Lautsprecherboxen, die wir nicht brauchen. Aus den Kinderzimmern kein Ton.

Ich gebe auf. Und ich steige aus dem Bett, um mal nachzusehen, was denn alle so treiben. Überall dasselbe Bild wie im Schlafzimmer: Einer liegt im Bett und starrt auf einen kleinen Bildschirm. Alex klickt sich durch YouTube-Kanäle und Maxi checkt die Ergebnisse fast sämtlicher europäischer Fußballevents des Wochenendes, gefühlt bis in die dritte italienische Liga. Und die holländische, die schottische, die russische sowie die portugiesische …

FAZIT:

Man kann unser Experiment getrost als gescheitert verbuchen. Es lässt Alex und Max nämlich völlig kalt, dass ihre Eltern hinter irgendwelchen Geräten hocken. Viel interessanter für die beiden ist, dass wir sie nicht wegen der überzogenen Daddelzeiten anmeckern! Sie haben nicht einmal so richtig registriert, was wir da tun! So ist das nicht geplant gewesen. Nicht mal, als Alex irgendwann fragt, ob es denn heute noch irgendwas zu essen gäbe, und ich mit »Nö ...« antworte, reagiert er komisch. Nein, er zuckt nur mit den Schultern und verkündet, er würde sich dann mal ein Müsli machen. Kein Aufreger, nichts. Der Junge macht sich ein Müsli und zockt weiter. Das gleiche Spiel ein paar Minuten später mit Maxi. Mit dem einzigen Unterschied, dass der sich ein Nutellabrot schmiert.

BESUCH IN DER HUMMERHÖHLE

So jedenfalls kommen wir nicht weiter. Wir müssen die Strategie ändern. Vielleicht sollten wir spielen, was sie spielen? Aber was genau spielen sie? Kinder sitzen ja heute komplett schallisoliert in ihren Hummerhöhlen mit dem Kopfhörer auf den Ohren und stieren auf den Smartphonebildschirm, wo entweder ein Video läuft oder das CD-Cover leuchtet. Ich höre nicht, was sie hören, sie hören nicht, was ich sage oder frage.

Um also am Freizeitleben meiner *Digital Natives* teilzunehmen, habe ich Maxi um Nachhilfeunterricht gebeten. Zunächst war das gute Kind einigermaßen irritiert über meine mangelhafte Kenntnis von Spielregeln und überhaupt allem, worum es geht. Dann hilft er, die Bildungslücke seiner Mutter zu beheben.

TEST 24: FIFA 16

Wir spielen also FIFA 16, für alles andere ist mein Smartphone zu antik. Aber es gibt immer noch zu viele Optionen. Für mich jedenfalls. Ich bin erstens eine komplett unerfahrene Gamerin und zweitens offenbar ziemlich ungeschickt. Bis ich eine Spielsituation auf dem kleinen Bildschirm so richtig erfasst habe, ist der Ball entweder im Aus oder im Tor – und zwar in meinem. Mein Torwart hat wohl seine besten Zeiten doch schon hinter sich. Ich verliere Spiel um Spiel, da nützt mir der hübsche Spanier als Stürmer gar nichts. Der Abstieg droht!

Maxi klärt mich geduldig darüber auf, dass ich an der Misere nicht ganz unschuldig bin. Nicht der Torwart ist zu langsam oder zu alt, sondern ich!

Ich möchte jetzt lieber nur noch zuschauen. Oder Fingernägel-Tutorials anschauen und mir Pünktchen aufmalen … Die nächste Runde spielt Maxi selbst auf seinem Gerät als FC Barcelona. Er hat sich einen Kader zusammengestellt, der mehr einer Weltauswahl ähnelt als allem anderen. Ich bin beeindruckt und frage, wie er diese Spieler finanziert hat.

»Na ja, Mama«, spricht Maxi gönnerhaft. »Ich spiele schon ein paar Saisons. Wenn ich einen Spieler ziemlich billig gekauft habe und dann hat der in der Saison viele Tore geschossen und wir haben gut abgeschnitten, dann kann ich den natürlich teurer verkaufen. Das mache ich ein paarmal, dann kann ich mir den Ibrahimovic leisten, aber den verkaufe ich jetzt, der ist zu alt. *Noch* krieg ich was für den …« Er grinst mich an. »Ist ja fast so alt wie dein Torwart.«

Ich winke ab. Aber ich muss erkennen, das Kind hat etwas gelernt bei diesem Spiel. Nützliche Dinge sogar, die es in seinem Leben durchaus weiterbringen können: 1. Leistung macht sich bezahlt. 2. Wenn man was erreichen will, muss man auch mal längerfristig planen. 3. Wenn man etwas haben will, muss man etwas anderes abgeben.

Immerhin unterhalte ich meine Familie

Beim Spiel selbst stellt Maxi sich erstaunlich geschickt an. Es sieht so einfach aus, dass ich denke, das kann ich doch auch! Ich zocke noch eine Runde – und verliere wieder. 0:10.

Das ist zwar auch ein Rekord, aber auch der beweist nur, was mir fehlt: Beweglichkeit in den Fingern. Ich bin da einfach nicht schnell genug. Inzwischen habe ich drei Zuschauer, die sich an meiner Inkompetenz erfreuen. Maxis irres Gekicher hat auch Alex und Stefan angelockt. Schön, dass ich zum Amüsement der Familie beitragen kann. Mache ich doch gern. Ich pfeffere das Tablet aufs Sofa.

FAZIT:

Zwei Erkenntnisse habe ich aber doch gewonnen. Erstens, meine Jungs können das wirklich besser als ich. Sie haben es mithilfe ihrer Gamingerfahrung doch zu einiger Fingerfertigkeit gebracht, die mir komplett fehlt. Bei mir kann sich jedenfalls kein Suchtpotenzial bilden, geschweige denn entfalten, weil meine Frustrationstoleranz da im Weg steht.

TEST 25: MAMA IST AUCH MAL DAUERONLINE

Unterwegs in der Stadt sind wir auf dem Weg zum gut sortierten Asialaden, den wir nur alle Jubeljahre einmal aufsuchen, um Vorräte aufzustocken. Schnell will ich mal eben das Foto von der weltbesten Misopaste, das mir eine Freundin geschickt hat, auf dem Handy raussuchen, wenn sich schon die Gelegenheit bietet. Und so bleibe ich mitten in der Innenstadt auf dem belebten Bürgersteig stehen und versuche mein Smartphone in Gang zu setzen, es dauert halt ein bisschen. Ich bin noch nicht im richtigen Fotoverzeichnis angekommen, da meckert mich ein ungeduldiger Ben an, ich solle doch jetzt kommen, alle würden warten und vor allem: »Steck doch bitte endlich dein Handy weg, wie peinlich ist das denn? Kannst du nicht wenigstens im Gehen gucken, um uns nicht alle aufzuhalten … !?« Er regt sich darüber auf, dass ich stehen bleibe, nicht darüber, dass ich entgegen sonstiger Gewohnheit ständig online bin. Mal sehen, wann er es merkt.

Also trage ich weiterhin mein Smartphone den ganzen Tag mit mir herum und gucke, sooft es geht, auf das Display, obwohl das gute Stück normalerweise entweder in meiner Tasche ruht oder auf dem Telefontisch herumliegt und meistens von mir nicht größer beachtet wird. Das fällt aber immer noch niemandem weiter auf. Wahrscheinlich, weil alle selber in ihre Displays gucken müssen oder sie mich nicht verdächtigen, handyabhängig zu sein.

Später am Abendbrottisch klingelt dann mein Handy. Da sich noch nicht alle Familienmitglieder um den Tisch versammelt haben und offenbar mit anderen Verrichtungen beschäftigt sind, bin ich der Meinung, dass ich auch noch eben mal schnell drangehen kann. Das ist ja auch höflicher, als das Gegenüber warten und es auf meine Mailbox quatschen zu lassen. Und siehe da, es ist eine Freundin, von der ich länger schon nichts gehört habe. Leider bekomme ich umgehend zu spüren, dass ein ausgiebiges Telefonat und sich gegenseitig auf den neuesten Stand bringen auf keinen Fall drin ist. Kaum haben meine sich inzwischen um den Tisch versammelten Kinder mitbekommen, dass ich anfange, mit meiner Freundin zu reden und zu lachen, wird mir sofort mit wilden Handzeichen versucht klarzumachen, dass ich dieses Gespräch schnellstens abbrechen soll. Es geht überhaupt nicht, dass ich am Tisch telefoniere, und außerdem hat das Handy beim Essen nichts zu suchen, aber so was von überhaupt nichts. Aha.

Regeln sind Regeln

So sind also auch bei uns all diese Regeln verinnerlicht worden, denke ich nur. Aber es wird noch schlimmer. Als ich nicht reagiere und friedlich weitertelefoniere, ruft Elias mir laut zu: »Leg auf, wir wollen jetzt essen, schnell, mach sofort Schluss!« und macht eine überdeutliche Geste für »Schluss machen, aber zack«. Bevor ich fürchten muss, dass mir einer das Smartphone aus der Hand reißt, beende ich das Gespräch mit innerlichem Grinsen. Was regelkonformes Verhalten angeht, scheinen sie ja gut geschult zu sein, denke ich, den höflichen Umgang mit ihrer Mutter müssen wir aber noch üben.

Später am Abend schnappe ich mir mein Handy mit dem WhatsApp-Freundinnenchat und kuschle mich neben Elias aufs Sofa. Sehr gemütlich, weiter weg lungert Jonas mit seinem Smartphone, auf seinem Bildschirm leuchtet *Clash of Clans*. Neben mir chattet Elias mit Klassenkameraden, aus dem Augenwinkel kann ich erspähen, dass es wohl darum geht, wer die beste Grafikkarte hat und wer die meisten davon. Ich frage nur: »Das ist doch wohl nicht der Klassenchat?«, woraufhin ich nur die leicht genervte Antwort bekomme: »Nein, Mama, wofür hältst du mich!« Auf meine Einwürfe, dass man nicht mit seinem Equipment angeben soll, wird schon gar nicht mehr reagiert, nur noch wild weitergetippt, um dann aber gleich zu einem dieser Jump-&-Run-Daddelspielchen überzugehen, die für mich die ewig und eintausendste Wiederholung von *Mario Bros.* zu sein scheinen (aber ich habe ja auch gar keine Ahnung). Auf jeden Fall hopsen kleine lustige Männchen in einer bunten Umgebung herum und müssen Hindernisse überwinden, die unterschiedlichsten Gegenstände einsammeln und natürlich – wie könnte es anders sein –, andere bunte Wesen, die ihren Weg kreuzen, abballern. Als Offlinespiel (und ein solches muss es sein, denn das WLAN ist schon abgeschaltet) ist es wohl eher ein mäßig unterhaltsamer Zeitüberbrücker, denn schon kurze Zeit später verschwindet Elias in seinem Zimmer.

Nur ein Gebrauchsgegenstand?

Ich chatte munter weiter und bekomme deshalb – völlig absorbiert – gar nicht mit, dass mein älterer Sohn neben mir Platz genommen hat. Der zeigt mir jetzt lustige Katzenbildchen auf Instagram. Ich stelle fest, dass es auch Katzen gibt, die wie kleine Assassine gekleidet sind … Und er hat da natürlich noch viel mehr lustige Bildchen auf Lager von den üblichen Verdächtigen wie Gandalf, Legolas, Harry Potter, Professor Snape, Lord Voldemort, Darth Vader und irgendwelche Klonkrieger, eher weniger Katniss Everdeen.

Alle freuen sich über mein neu erwachtes Interesse an den Parallelwelten und keinen wundert es, dass ich hier mitmache in der Smartphone-Herumlunger-Community, obwohl alle wissen, dass mich mein Handy sonst eher marginal bis überhaupt nicht interessiert. Für mich ist mein Smartphone eben kein Spielgerät, sondern lediglich ein Gebrauchsgegenstand. Vielleicht denken meine Kinder, dass ich endlich »normal« geworden bin. Auf alle Fälle freut es sie sehr, dass ich an ihren Interessen teilnehme, auch wenn diese Form der Teilnahme aus meiner Sicht eine eher vorübergehende sein wird.

In Sachen Smartphonenutzung im Alltag sind einige meiner Freundinnen ganz anders, denn Handys & Co. sind natürlich auch für Erwachsene ein willkommenes Spielzeug, mit dem man die Welt ganz neu erfahren kann, wie es aussieht: Seit meine Freundin Friederike beispielsweise endlich ein Smartphone zu Weihnachten bekommen hat, weil ihre ganze Familie wollte, dass sie auch mal zu erreichen ist, wenn sie unterwegs ist, ist sie ohne ihr Handy nicht mehr vorstellbar. Egal, wo sie ist, das Ding liegt auf dem Tisch vor ihr, egal, ob noch jemand dabeisitzt oder sie sich mit jemandem verabredet hat. Und bei jeder sich bietenden Gelegenheit wird gesurft, geteilt oder gechattet, was das Gerät eben so alles hergibt.

FAZIT:

Was mir besonders auffällt: Wenn ich mich mit meinem Smartphone beschäftige, also Videos gucke oder Whats-App-Nachrichten schreibe, bin ich weggeschaltet von dem, was mich analog umgibt, bekomme (fast) nichts mit. Und das Smartphone, wenn ich es ernst nehme und mich verpflichtet fühle, Nachrichten innerhalb einer bestimmten Zeit zu beantworten, kostet ganz schön viel Zeit. Die geht von der direkten Kommunikation mit meinen Mitmenschen ab. Also ein Zeit- und Aufmerksamkeitsfresser. Und jeder bleibt schön für sich. Und das geht vielen anderen auch so. Um mich davon zu überzeugen, muss ich nur einen Samstag auf einer der großen Einkaufsstraßen spazieren gehen. Jeder Zweite läuft mit seinem Smartphone in der Hand herum, sieht nichts von dem, was um ihn herum passiert, es interessiert ihn auch gar nicht. Auf die Spitze getrieben wird das Ganze online in den Google- und Facebook-Filterblasen, wo sich jeder nur noch mit seinen Ansichten gespiegelt sieht.

BALLERMANN!

Aber unser Experiment geht ja noch weiter. In Stufe zwei testet Familie Brandt einen Tag am Wochenende, wie wir uns so bei den Spielen unserer Kinder verhalten – und was unsere Kinder dazu sagen. Ich habe ja schon gewisse Vorerfahrungen, denn irgendwann bekam ich *Assassins Creed* geschenkt, um mich für das Spielen an der Playstation zu begeistern. In dem grafisch faszinierend aufbereiteten Spiel sind viele architektonische Schönheiten zu sehen und ich fand die Idee nicht schlecht, in der italienischen Renaissance über die Dächer zu klettern und ganz Florenz, Rom oder Paris von oben sehen zu können.

Aber nach wenigen Versuchen damit hatte ich entnervt aufgegeben, denn ich bringe einfach nicht genug Geduld auf. Als mir ein Spielzug wieder und wieder nicht gelang, war ich kurz davor, den Controller direkt in den Fernsehbildschirm zu feuern, und habe deshalb lieber nicht mehr gespielt.

TEST 26: DER KILLER IN MIR

Deshalb habe ich doch einige Bedenken, als mich Jonas fragt, ob er mir nicht mal zeigen soll, wie *BlackOPs3* geht. Dazu muss ich vorab bemerken: Er darf das nur spielen, wenn einer von uns dabeisitzt, weil es ein altersbeschränktes Spiel ist, für das er noch nicht das passende Alter hat. Aber – ganz plötzlich gab es dieses Spiel bei uns zu Hause … Dazu später mehr. Ich finde es ja gut, dass er mich an einer Sache, die ihm viel Spaß macht, beteiligen will. Aber zugegeben, ich traue mich fast gar nicht. Obwohl mein fröhlich *BlackOps* spielendes Kind schon öfter gesagt hat:

»Mama, willst du nicht auch mal?« Zum einen behauptet sogar Carl, der auch gerne auf der Playstation spielt, dass Jonas besser ist als er, also befürchte ich sowieso, mich sehr dumm anzustellen und womöglich den Respekt meiner Kinder zu verscherzen, zum anderen gehen mir schon allein die Geräusche dieses Spiels richtiggehend auf die Nerven.

Allein gegen die Bots

Aber es muss sein, jetzt bin ich dran: »Mama, du spielst am besten erst mal gegen Bots, das ist einfacher«, erklärt mir Jonas freundlich, aber bestimmt. Ich komme mir wie eine Idiotin vor, als ich nachfragen muss, was Bots sind. Das fängt ja gut an. »Bots sind vom Computer gesteuerte Gegner, also Roboter halt«, beantwortet Jonas geduldig meine Frage und ergänzt dann noch: »Dann hast du mit all den Schwitzern erst mal kein Problem.« Ich verstehe wieder nichts, erfahre aber später, dass Schwitzer Spieler sind, die nicht zum Spaß spielen, sondern jede, aber auch wirklich jede Runde um jeden Preis gewinnen wollen und deshalb keinen Kill auslassen können. Zwanghafte Zocker sozusagen.

»Was muss ich jetzt machen?«, frage ich. »Zuerst wähle ich mir also eine Mutantenrüstung aus?« Immerhin habe ich schon öfter zugeguckt. »Gaaanz falsch«, sagt Jonas, »du musst einen Spezialisten aussuchen.« Ich erfahre, dass der dann entweder eine besondere Fähigkeit oder eine besondere Waffe hat. »Du kannst zum Beispiel Zeitsprung oder Sturm nehmen.« Sturm empfiehlt er mir besonders, das ist ein Gewehr, das Blitze schießen kann. Dann mache ich mir eine Klasse, ich nehme mal Standard-Scharfschütze und starte in einer Map, Jonas' Lieblingsmap Nuketown.

Sobald ich das Spiel starte, werden sich zwei feindliche Truppen dann nach allen Regeln der Kunst gegenseitig abballern, und ich mittendrin. Je nach Fähigkeit kann ich öfter springen oder Eigenschaften nutzen, die andere nicht haben. Und wie in jedem Spiel wird es belohnt, wenn viel gespielt wurde und viele Kills geschafft wurden, dann lassen sich nämlich weitere Waffen und Fähigkeiten freischalten.

Alles nicht so einfach

So weit, so gut, aber eigentlich will ich gar nicht spielen. Zum einen, weil ich nach wie vor Respekt habe. Und ich habe zu wenig Übung, bin zu langsam, muss zwischendrin zu viel überlegen und bin daher nicht in der Lage, schnell und elegant von der einen Taste zu der anderen zu wechseln, und hier muss ich nicht nur herumlaufen wie damals bei *Assassins Creed*, sondern noch mit dem Controller zielen und schießen, was viel schwieriger ist. Ich weiß sozusagen nicht mehr, wo rechts und links ist, will vorwärtsgehen, gucke aber stattdessen nach oben und so weiter und so weiter. Ich bin ganz klar

Lesenswert zum Thema: Der Journalist Till Raether spielt mit seinem Sohn das Ballerspiel Overwatch in »Wir zwei gegen den Rest der Welt« (SZ-Magazin 44/16) .

schnell überfordert, neben mir sitzt Jonas, der mir Anweisungen gibt: »Jetzt musst du links drücken, schieß doch, Mama! Zielen und dann schießen! Jetzt da lang laufen! Achtung, es kommt einer von links, hinter dir, spring! Schau, hier geht es vorwärts und so zurück.«

Alles, was zählt: Zu Ende bringen

Aber: Auch wenn Kinder spielen, ist irgendwann der Punkt erreicht, an dem sie nicht mehr glücklich und zufrieden sind. Ein Level folgt aufs nächste und die Anforderungen werden immer höher oder die Onlinemitspieler werden besser, während man selbst nicht mehr mithalten kann. Die Laune sinkt, man schimpft herum und ist gestresst. Bei mir ist dieser Punkt fast sofort erreicht. Ich muss aber auch zu keiner *peer group* gehören und mich hier beweisen. Dafür verzweifle ich an den einfachsten Aufgaben. Ganz davon abgesehen muss ich mir erst rudimentäre Gamersprachkenntnisse erarbeiten, um hier überhaupt intellektuell folgen zu können. Ich fühle mich wirklich wie im falschen Film. Dennoch bin ich bei meiner Ehre gepackt und will wenigstens einen Kill erreichen, bevor ich wieder aufgebe.

Nachdem wir eine Runde zusammen gespielt und ich äußerst mühsam zwei oder drei Gegner (aber eben nur Bots) gekillt habe, fühle ich mich etwas besser und gebe leicht erschöpft den Controller wieder an Jonas weiter.

»Mama, morgen zeig ich dir noch mehr!«, tröstet er mich, die etwas erledigt auf dem Sofa lehnt und ihm zuguckt, mit welcher Hingabe er seine Waffe stylt: Sogar die Farbe Rosa, sonst als Iih-Bäh-Mädchenkram abgetan, feiert hier plötzlich Erfolge, wenn man mit einer Camouflagetarnung in der pinken Variante seine neueste Waffe aufpeppen kann. Der Spitzenreiter ist hier »Gold«, beobachte ich staunend, auch, wie er seine Einsätze plant, um immer höhere Prestigeränge zu erreichen.

Später ärgere ich meine Kinder, die bald Konfirmation haben, mit der Frage: »Was haben BlackOPs3 und Gott gemeinsam?« Die Antwort: »Man kann bei beiden immer wieder neu anfangen.« Es gibt aber auch einen deutlichen Unterschied, finde ich: Gott hat sicher mehr Humor.

Jedem Anfang wohnt ein Zauber inne

Das Schöne bei dieser Art Spielen ist ja, dass man immer wieder neu anfangen kann. Ist man einmal umgefallen, weil gekillt, lädt das Spiel neu und man kann fast an derselben Stelle wieder einsteigen und weiterspielen, als ob nichts gewesen wäre: Das ist wenig frustrierend und zugleich demokratisch, denn da bleibt keiner tot liegen, alle dürfen wieder aufstehen und weiterkillen.

FAZIT:

Ich müsste ganz schön üben, damit ich auch Spaß am Spielen bekomme. Aber nur ein einziges Mal mitzuspielen, hat mir den Blick für die Welt meiner Kinder geöffnet. Ich habe eine Ahnung davon bekommen, was sie fasziniert, und einen gewissen Respekt entwickelt: »Daddeln« würde ich das jetzt nicht mehr pauschal nennen, eher ein »Spielprojekt«.

ECHTE CHALLENGES

Schon längst habe ich gemerkt, dass es bei den Spielen große Unterschiede gibt. Und natürlich werde ich ihnen nicht gerecht, wenn ich sie alle als »Daddelspiele« über einen Kamm schere. Weil ich mehr über Spiele wissen will und was dahintersteckt, schaue ich mir später ein YouTube-Video zum Thema *Basic Game Literacy* an: »Why It's Hard to Learn How to Play«. Ich bin also sicher nicht die Einzige, die das nicht sofort kann. Denn nicht nur die Controllerbedienung, auch die Spiele sind sehr komplex, das merkt ja jeder, der dort einzusteigen versucht. Es ist ähnlich wie bei Büchern. Wer die Buchstaben kennt, kann noch lange nicht lesen, und wer Worte lesen kann, wird noch lange nicht jeden literarischen Text verstehen.

VOM WISSEN, WIE EIN SPIEL TICKT

Auch elektronische Spiele haben mehr inhaltliches Potenzial: Je nach Spielgenre haben sie eine Geschichte, man muss einiges wissen über die Inhalte und die Motivationen und über die Art, in so ein Spiel hineinzukommen, um darin Erfolg zu haben. Und das alles mit Tasten- und Controllerkombinationen. Wer das eine Spiel verstanden hat und spielen kann und weiß, wie das Spiel tickt beziehungsweise wie man am besten und trickreichsten vorankommt, kann deshalb noch lange nicht ein anderes unmittelbar in seiner Tiefe verstehen: Das ist *Game Literacy*, deutsch: Literalität oder Lesefähigkeit. Sicher gibt es bestimmte Zeichencodes, die wiedererkannt werden, weil sie in jedem Spiel dasselbe bedeuten, wie zum Beispiel ein roter Balken über einer

Figur anzeigen kann, wie viel Leben sie noch hat. Aber wer zum Beispiel *LoL* (League of Legends) spielen kann, wird einige Zeit brauchen, bis er sich in *WoW* (World of Warcraft) oder *Dota* (Defense of the Ancients) eingearbeitet hat, nur um hier einige der komplexesten Onlinespiele zu nennen.

»ALLE SPIELEN DAS!«

Spiele wie *Minecraft*, die meine Kinder viel öfter spielen als alles andere, sind eher harmlos und mit *Lego offline* zu vergleichen. Man baut sich ein Haus und sorgt für Energieversorgung und Vorräte. Auch hier muss man schon unglaublich viel wissen, nämlich welches Element man wie herstellen kann und wie es sich zusammensetzt. Zum Glück gibt es dafür Listen und Verzeichnisse im Internet.

Doch das ist nicht alles. Als ich zum ersten Mal sah, wie Elias in *Minecraft online*, die virtuelle Form von *Hunger Games* spielte, wurde ich skeptisch. Die Idee kommt aus dem dystopischen gleichnamigen Roman (deutsch: Die Tribute von Panem), in dem jeder Distrikt ein Kind in eine tödliche Volksbelustigung entsenden muss: Das Kind gewinnt, das als Letztes das Gemetzel überlebt. Und genau das findet jetzt mit Klötzchenmännchen bei *Minecraft* statt? Nun, auch die *Lego Games* für die Play station, die bei uns vor Jahren Einzug gehalten haben, waren alle mit »ab 6« ausgezeichnet, obwohl es schon immer darum ging, die feindlichen Männchen kaputt zu schlagen. Ich finde, das ist auch Gewalt, selbst wenn nur Legosteine durch die Luft fliegen.

Ja, auch Ego-Shooter

Und eines Tages, Jonas wollte das Spiel »nur mal ausprobieren«, hieß es, und nach einigem Zögern und der Fürsprache seines Papas, der es auch gern spielen wollte, hatten wir dann schneller, als mir lieb war, besagtes *BlackOPs3* im Haus und auf der Playstation. Immerhin ist das ein klassisches »Ballerspiel«, ein sogenannter Ego-Shooter und als FSK 18 eingestuft. Von daher darf Jonas nur spielen, wenn einer von uns dabeisitzt, so ist die Abmachung, auch wenn er immer wieder betont: »Mama, alle spielen das!« Und er hat gar nicht so unrecht: Ich kenne sogar einige derjenigen persönlich, die mit ihm im *BlackOps*-Team spielen, und die sind alle noch im besten Teenageralter und weit davon entfernt, 18 zu sein ...

BALLERSPIELE = AMOKSCHÜTZE?

Bei einem Handballspiel komme ich zufällig mit einer Mutter ins Gespräch. Sie ist dabei, eine Schulveranstaltung zum Thema Kinder und Internet zu organisieren, und fragt mich, ohne zu ahnen, dass wir genau zu diesen Themen gerade ein Buch schreiben, was ich denn meine, was die Eltern so interessiert.

Ich finde, es kann ruhig dramatisch sein, und nenne Gewalt, Sucht und Datenschutz, aber da bitte sehr die Worst-Case-Szenarios. Ich frage weiter, wo wir schon fast beim Thema sind, wie sie es denn mit der Einhaltung der FSKs hält. Sie sagt, dass sie doch sehr strikt darauf achtet. Mir wird heiß und kalt und mein persönlicher Albtraum bahnt sich gerade wieder einen Weg durch meinen Kopf. Ich fühle mich als absolute Rabenmutter, die ihre Kinder dem wahrhaft Bösen, nämlich dem Spielen ab 16 oder 18, (fast) schutzlos ausliefert, es aber nicht ändern kann, weil Papa und Jungs sich da so einig sind: Darin, dass es

1. nichts, aber auch gar nichts schadet und
2. ich eine Spielverderberin bin.

Immerhin habe ich zu Hause erreicht, dass Jonas nur dann *BlackOps3* spielen darf, wenn sein Papa danebensitzt, sage ich mir wieder einmal. Später erst reden wir darüber, wie alt unsere Kinder jeweils sind, und dann habe ich ein deutliches Aha-Erlebnis: Ihr Sohn (er ist der Älteste) ist erst zwölf, zwei Jahre jünger als mein ballerspielender Sohn Jonas. Ich bin erleichtert, denn vor zwei Jahren sah unser Leben auch noch anders aus: Spiele ab 16 waren definitiv gar nicht erlaubt. Ben, damals 14, hat sich auch zähneknirschend daran halten müssen. Aber mit dem Älterwerden unseres Großen hat sich unsere Spielepolitik auch verändert. Wie so oft dürfen die Jüngeren früher mehr, noch so ein Zankthema …

Was können Ballerspiele wirklich anrichten?

Doch was bewirken Ballerspiele eigentlich? Die einen meinen, dass das Spielen direkt zum Amokschützen macht, die anderen, dass sich die Aggressionen dadurch besser abbauen lassen. Stimmt denn die Gleichung Ego-Shooter = Amokschütze?

Jeder weiß ja, dass sie nicht aufgeht, sonst wären wir mit Millionen von Amokschützen konfrontiert, weil es eben auch Millionen Spieler gibt. Aber machen diese Spiele aggressiv? Und süchtig? Wenn ich sehe, wie groß der Drang ist, immer weitere Prestige-Ränge zu erwerben und sich dann mit anderen zu vergleichen, steht diese Frage durchaus im Raum. Nur – solange sie noch darüber reden, sich vergleichen, Spaß dabei haben, mit Freunden zusammen spielen, ist es dann nicht einfach nur ein Wettspiel wie ein vergleichbares analoges?

Gewalt sieht der Sozialpsychologe Robert Busching (siehe Kasten rechts) aber nicht nur in den sogenannten Ego-Shootern. Gewaltdarstellungen, sagt er, gibt es in vielen Spielen, auch in nicht indizierten. Auch allgemein in den Medien nehmen Gewaltdarstellungen zu, wird in den meisten Spielen Gewalt gebraucht, um Punkte zu sammeln und weiterzukommen, ist also Teil der Belohnungsstrukturen. Um das Leid der Opfer wird sich nicht gekümmert. Was wird unseren Kindern da beigebracht?

WAS SAGT DER EXPERTE?

Robert Busching von der Universität Potsdam sagt zu gewalthaltigen Spielen, dass dort »eine Vielfalt von Bedürfnissen befriedigt« wird:

1. *Die gewalthaltigen Spiele* führen oftmals zu einer höheren Erregung, als Jugendlicher hat man ein solches *need of arousal,* und das befriedigen diese Spiele.

2. *Ein gesteigertes Kontrollbedürfnis* kann von den Jugendlichen dann in der virtuellen Welt perfekt ausgelebt werden.

3. *Gruppenprozesse* spielen eine Rolle, dass unter Freunden diese Spiele ausgetauscht werden, dass man spielt, weil es alle tun.

4. *Man spielt auch als bewusste Gegenbewegung* zu Eltern oder Lehrern.

5. *Nicht zuletzt machen diese Spiele einfach Spaß.*

Auf die Vorbildfunktion kommt es an

Eigentlich bin ich der Meinung, dass man, um dem Trend entgegenzuwirken, ganz andere Spiele erfinden müsste. Denn die Einstellung »Ich hau drauf und kriege alles, was ich will« ist ja auf jeden Fall in unserer Gesellschaft keine Einstellung, mit der man im Leben großartig weiterkommt. Gerade eine solche Haltung, also die »Veränderung von normativen Überzeugungen«, ist nach Busching schon zu beobachten, wenn in den Medien (nicht nur in indizierten Gewaltspielen) aggressives Verhalten als völlig akzeptabel und zielführend dargestellt wird – und nichts anderes gelernt wurde.

Ich finde es wichtiger, hier Vorbild zu sein und das als Schwerpunkt zu setzen, statt mein Leben dadurch zu erschweren, möglichst wenige elektronische Geräte zu nutzen oder Verbote auszusprechen: Ich möchte meinen Kindern vorleben und ihnen beibringen, wie echte Konflikte besprochen und gelöst werden, zum Beispiel in einer Familienkonferenz. Hier kann jeder ganz demokratisch seine Sicht der Dinge sprichwörtlich »auf den Tisch packen«, die vermeintlichen Täter wie auch die vermeintlichen Opfer, jeder kann sich über jeden beschweren oder etwas vorschlagen und hinterher werden per Abstimmung Beschlüsse gefasst. Deshalb helfen gegen Ballerspiele auch keine Spielverbote. Es geht immer auch ums Drumherum. Und hier eben (mal wieder) ist der elterliche Gestaltungswille gefragt.

Berücksichtigt man, dass Amokschützen vor ihrer Tat meist sehr einsam gewesen sind, dann ist auch hier klar, was zu tun ist. Aggressiven Spielen kann man hier meiner Ansicht nach nicht allein die Schuld geben. Und die Gleichung Ego-Shooter = Amokschütze stimmt so nicht.

YOUTUBE – AGENTIN IN EIGENER SACHE

Unsere Kinder spielen ja nicht nur, zwischendurch gucken sie auch jede Menge Videos, (bis das WLAN ausgeht). Ich habe mir als Strategie angewöhnt, sie immer zu fragen, was sie da so gucken oder was das für ein Spiel ist, sozusagen als Agentin in eigener Sache. Es gibt da vieles, was ich im Leben freiwillig nicht angucken würde, eigentlich das meiste davon. Ich würde dies in zwei Kategorien aufteilen: Zum einen gibt es da die LetsPlay-Videos, sozusagen die Weiterbildung in Sachen Spiel, egal, ob es sich um *Minecraft* oder ein anderes Game handelt. Es gibt Tausende davon, die zeigen, wie ein YouTuber bestimmte Spielzüge ausprobiert. Zu sehen ist, wie beispielsweise ein *Minecraft*-Männchen durch die Klötzchenwelt eiert, während der YouTuber coole Sprüche ablässt und über Gott und die Welt schwadroniert.

Heute schon Beef gehabt?

Meine Jungs, soweit ich sehen kann, suchen sich meist die Videos aus, die auch einen gewissen Unterhaltungswert haben, und nicht umsonst sind einige der YouTuber richtige Stars in der Szene. Beliebt sind beziehungsweise waren im *Minecraft*-Segment hier *GommeHD* oder *Ungespielt*. Für meinen Geschmack muss es auch für mein Kind nicht gerade ein *BlackOps3*-Lets Play sein, wo der YouTuber außerdem noch unablässig herumschreit, so gesehen bei *Elotrix*. Zum Glück ist man mit einem Klick auch wieder weg. Bei der Gelegenheit lerne ich auch neue Wörter: So zum Beispiel, dass *iBlali* und *Drachenlord* »Beef« haben. Netterweise bekomme ich erklärt, dass das »Streit« heißt, und komme mir vor wie eine Oma, weil ich wieder einmal nicht verstehe, was sich meine Jungs so erzählen. Mittlerweile weiß ich wenigstens, was MLG ist, nämlich etwas Tolles (Major League Game), dass ein *quick scope* ein genial krasser Spielzug ist oder was *austimen* heißt: Dann ist man aus dem Spiel geflogen, weil die Internetleitung zu schlecht war.

Anders ist das, wenn meine Kinder Spaß- und Lachvideos gucken, etwa die »Try-not-to-laugh-Challenge« von Montana Black. Die würde ich zwar auch nicht täglich ansehen, aber die beiden Jüngeren sind im richtigen Alter, um sich über die zehn schlechtesten YouTube-Videos der Woche kaputtzulachen. Mich freut, dass sie mich beteiligen, und kann das nur empfehlen.

Darüber reden

Nur so habe ich auch die Gelegenheit, mit ihnen ins Gespräch zu kommen, denn ich möchte ungern, dass sie und ich in zwei

Welten nebeneinanderher leben. Und dabei hilft es mir nicht, wenn ich beginne, mein Tablet nur heimlich zu benutzen, damit sie den Eindruck haben, ich würde analog leben.

Meine Strategie ist, ihnen einen offenen Umgang mit den Geräten vorzuleben und mit meinem Verhalten zu zeigen, dass nicht das Smartphone, sondern die Menschen um mich herum das Wichtigste in meinem Leben sind. Da bin ich gern Vorbild.

Wie wichtig das ist, hat die BLIKK-Studie 2017 ergeben. Schon 70 Prozent der Kindergartenkinder nutzen das Smartphone ihrer Eltern mehr als eine halbe Stunde am Tag und es wurde ein direkter Zusammenhang zwischen intensiver Mediennutzung und Entwicklungsstörungen festgestellt. Daher fordert die Drogenbeauftragte der Bundesregierung, es sei »höchste Zeit für mehr digitale Fürsorge«.

ICH UND DU

Zu der Vorbildfunktion von Eltern gerade auch noch kleinerer Kinder hat die Landeskoordinierungsstelle für Suchtthemen in Mecklenburg-Vorpommern eine Plakataktion in Kitas gestartet. Auf den Plakaten sieht man Eltern auf dem Spielplatz stehen, die sich nur wenig mit ihrem Kind beschäftigen, aber umso intensiver auf das Smartphone starren. »Heute schon mit Ihrem Kind gesprochen?«, fragt das Plakat.

Das ist natürlich übertrieben, aber Mütter oder Väter in dieser Situation haben es auch nicht leicht: Wenn sie nach Feierabend das Kind in der Kita abholen und bei schönem Wetter noch auf den Spielplatz gehen, dann ist das oft die nächstbeste Gelegenheit, das Privatleben zu organisieren, und das geht bekanntlich am besten, wenn man all diese Nachrichten in der Mailbox abhört oder WhatsApps abruft, die alle beantwortet werden wollen. Und wenn das Kind ja sowieso gerade auf der Rutsche ist, dann braucht es einen doch nicht, oder? Sicher ist es schwer, dies miteinander zu vereinbaren.

Immer wieder: Den Jüngeren ein Vorbild

Nur, die Kinder können da nicht den ersten Schritt tun. Wir, die Mamas und Papas, müssen in Vorleistung treten, mit ein bisschen Anstrengung ist das schon verbunden. Wenn ich rufe: »Alle Handys in die Diele! SOFORT!«, dann ist es sehr glaubhaft, wenn das eigene schon dort liegt. Ja, es kostet. Und zwar Kraft und Nerven, und vor allem nach Feierabend mag man sich nicht mehr selbst kasteien. Stimmt, aber ein bisschen Selbstdisziplin lohnt sich. Zum Beispiel, dass man das Smartphone auf keinen Fall am Ess-tisch benutzt. Wie Ellas Kinder reagieren daher auch meine mit vollkommenem Unverständnis, wenn jemand diese Regel bricht. Wie neulich der Opa an Omas Geburtstag. Er wollte so gerne wissen, wer beim Biathlon gewonnen hat, aber natürlich konnte er nicht hingehen und den Fernseher anmachen, wenn alle bei Kaffee und Kuchen sitzen. Deswegen hat er sein Handy rausgeholt – und nicht nur strafende Blicke von seinen Enkeln kassiert. Auch ein empörtes: »Oooopaaaaa?!?«
Steter Tropfen höhlt den Stein: Ich gebe die Hoffnung nicht auf, dass alle anderen Regeln, die ich zum Smartphone-, PC- und Internet-Konsum aufgestellt habe, ihnen irgendwann genauso in Fleisch und Blut übergehen. Die Eieruhr für die nach den Hausaufgaben erlaubte halbe Stunde Daddelzeit holen sie sich jedenfalls freiwillig. Und wenn sie geklingelt hat, kommt kurz darauf ein »Ja, sofort!«, inzwischen auch, ohne dass ich etwas gesagt habe. Dass es dann doch noch ein bisschen dauert, bis das Gerät in die Ladestation wandert, ist eine andere Sache ...

SMARTPHONE-NO-GOS

Unsere ungeschriebenen Regeln zum Gebrauch von internetfähigen Geräten für Kinder und Eltern

No-Gos:

◇ am Esstisch
◇ in Bad und Toilette
◇ in der Hosentasche
◇ nachts im oder neben dem Bett
◇ bei Familienfeiern, beim Besuch bei Oma und Opa
◇ wenn das Kind krank ist
◇ im Auto bei Kurzstrecken
◇ im Restaurant beim gemeinsamen Essengehen
◇ nicht vor den Hausaufgaben

Nur in Ausnahmefällen:

◇ Second Screen (Smartphone oder Tablet und Fernsehen gleichzeitig)

Analog trifft digital

Während Familie Fuchs dafür sorgt, dass ihre Kinder digitale Lieblingswelten auch in ihrer analogen Präsenz erleben, sind Ellas Kinder unterwegs: auf der Gamescom, wo sie YouTuber treffen und Spielehersteller real erleben. Was ist Medienkompetenz? Wir lesen bei Soziologen darüber, ob unsere Kinder vor ihren Computern vereinsamen. Sind virtuelle Freunde echte Freunde? Kreative Momente ersetzen die Totalentspannung beim Daddeln: Wir basteln an der Hardware und testen Programmierexperimente und Rezepte. Digitale Förderung heißt das eine Stichwort, analoge Herausforderung das andere.

NEUE IDOLE

Ich habe es ja zunächst nicht geglaubt, aber mit YouTube-Stars verhält es sich nicht anders als mit Fußballgöttern, Hollywoodgrößen und Popstars. Der Teeniefan möchte sie irgendwann einmal leibhaftig erleben. So im wahren Leben. Genauso wie Maxi davon träumt, mal Ronaldo mit dem FC Barcelona im Stadion spielen zu sehen, denkt Alex inzwischen darüber nach, wie diese YouTuber wohl »in echt« so sind. Obwohl er jeden Tag die Gelegenheit hat, sie per Zoom am Bildschirm näher zu sehen, als das live auf irgendwelchen Bühnen und Events jemals möglich sein wird. Der Wunsch jedenfalls ist da.

YOUTUBER »IN ECHT«

Wo aber trifft man YouTuber, wenn nicht im Internet? YouTuber ist ja nicht gleich YouTuber, habe ich mich belehren lassen. Wir reden hier nicht von egal wem, der irgendwelche Filme bei YouTube hochlädt, davon hat jeder Jugendliche mehrere Leute in der Klasse, sondern es geht um echte Stars, die soundsoviele Tausend Follower oder Abonnenten und Wasweißichnichtalles haben. Da mag durchaus der eine oder andere dabei sein, der filmt, wie er bei Minecraft Klötzchen schichtet, was ich ziemlich nerdig finde. Ich wünschte mir, mein Sohn erkennt, dass Internetstars auch nur mit Wasser kochen – oder er entdeckt, was genau das Genie dieser Leute ausmacht. Wer weiß?

Die Gelegenheit ergibt sich wie von selbst, kaum dass wir darüber reden, denn zufällig wird bald darauf der alljährliche Webvideopreis verliehen, eine Art Internet-Oscar. Alex hat sich als Autor der Schülerzeitung angemeldet, mein Mann Stefan hat sich ebenfalls eine Karte für das Event organisiert.

Alex musste dann feststellen, dass er nicht der Einzige mit diesem Wunsch ist, YouTuber leibhaftig zu erleben. Da waren Hunderte, Tausende! von Teenies, die sich bereits Stunden vor der Veranstaltung entlang eines Absperrbandes drängelten, um ihre Stars zu sehen. Ich möchte nur mal ganz kurz festhalten, dass es hier nicht um Supersportler geht oder um Film- oder Bühnenschauspieler oder Menschen, die irgendwas besonders super können. Wir reden von Menschen, die wie bei *Bibis Beauty Palace* davon leben, dass sie nicht anders sind als ihre Zuschauer. Oder dass da ein Typ Matheregeln singt. Ja, Matheregeln. Und ja, er singt. Ein anderer rappt Rechenwege. Je absurder die Idee, desto öfter wird sie angeklickt.

Stars und Sternchen

Die Preisverleihung war, so berichtete Stefan, vom Niveau her eher im Bereich Laientheater anzusiedeln. Er ist regelmäßig auf hochprofessionellen Kongressen unterwegs und war angesichts der Präsentation hier der Ansicht, mit den vielen Versprechern und dem nervösen Gehampel auf der Bühne hätte er »Fremdschämen für Anfänger« gebucht. Wobei man ehrlicherweise sagen muss, dass es da wohl ein gewisses Gefälle gab. Es gab Let's-Player, die nicht alle hundertprozentig eloquent waren, ein paar überspannte Videobloggerinnen mit beeindruckend langen Fingernägeln, aber eben zum Glück auch Menschen wie Marty Fischer, der Beiträge mit höherem Niveau produziert. So einer ist dann auch durchaus in der Lage, sich vernünftig auszudrücken. Und – das hat Alex nachhaltig beeindruckt – er war nicht arrogant, sondern hat mit dem 15-jährigen Schülerzeitungsredakteur geredet wie mit seinesgleichen, als Alex nach dem Programm noch in die Mixed Zone durfte, wo sich Stars und Pressevertreter trafen. Klar, dass er die Chance genutzt hat.

Bei ihm hat die direkte Begegnung mit den YouTubern dazu geführt, dass er noch kritischer als zuvor schon auswählt, was er schaut. Diejenigen, die auf der Bühne nicht überzeugend waren, boykottiert er seitdem gnadenlos. Wer aber den Leibhaftigkeitstest bestanden hat, von dem wird alles angeguckt. Genauso gnadenlos. Selbst älteste Kamellen, das Internet vergisst ja bekanntlich nichts.

Die Quantität seines YouTube-Konsums ist nach dem Event nicht gesunken, er guckt genauso viele Webvideos wie vorher auch. Aber er filtert jetzt genauer und sucht sich die Videos stärker nach Qualität aus. Meistens.

DIE WEIBLICHE PERSPEKTIVE

Eines schönen Tages erhielt ich, Katrin, einen Anruf meiner Freundin Connie aus Berlin. Sie kündigte ihren Besuch bei uns an und würde auch ihre Tochter mitbringen. Schöne Idee, fand ich, denn Emma ist ziemlich genauso alt wie Maxi. Als Kleinkinder haben sie sich super vertragen. Ich war gespannt, wie das mit 14 funktionieren würde.

Wir mussten feststellen, dass Emma leider nicht viel Zeit für uns hatte. Das Mädchen hatte sich für die Convention der amerikanischen TV-Serie *Pretty Little Liars* angemeldet, die gar nicht weit von dort, wo wir wohnen, stattfand. Vor dem Veranstaltungshotel wartete eine unglaubliche Menschenmenge. Sie bestand nur aus Mädchen zwischen 13 und 18 Jahren und ihren begleitenden Müttern. Eine schnatternde, aufgeregt kichernde und überaus erwartungsvoll herumtrippelnde Meute zwängte sich hinein. Für den jungen Mann an der Rezeption sah das offensichtlich nach dem blanken Horror aus.

Die Mädchen waren aus ganz Deutschland und auch aus Holland herbeigereist, um ihre Stars zu sehen – und hatten für die Tickets ziemlich viel Geld bezahlt. Emma hatte einen beträchtlichen Teil ihres Konfirmationsgelds investiert! Was würde sie dafür bekommen? Ich war neugierig, aber auf ihren Bericht am Abend angewiesen, denn ich persönlich hatte keine Lust, ein paar Hundert Euro für eine Eintrittskarte zu bezahlen.

Emma war total erledigt, als sie am Abend bei uns in der Küche saß. Vor allem davon, dass sie so viel, so lange und so oft hatte warten müssen. Den ganzen Tag über war es nur darum gegangen, bei einem sogenannten *Meet and Greet* den Seriendarstellern einzeln die Hand zu schütteln, Guten Tag zu sagen und davon ein Foto gemacht zu bekommen. Nicht nur die Darsteller, auch Emma und alle anderen Mädels mussten also den lieben langen Tag über immer wieder checken, ob der Lippenstift noch saß und die Frisur hielt. Vor den Klos waren dann auch ständig Schlangen gewesen. Noch mehr Warterei!

Der schönste Tag in ihrem Leben

Zur Abwechslung hatte irgendjemand auf einer Art Bühne eine Art Interview gegeben. Mehr nicht? Den ganzen Tag von morgens um zehn bis abends um acht? Für diesen Preis? Ich war entsetzt. Emma war komplett gechillt. So wär das eben, meinte sie. Und außerdem hätte sie ja jetzt die hier. Sie holte stolzgeschwellt mehrere großformatige Fotos aus ihrer Tasche. Maxi riskierte einen Blick darauf und murmelte »Ach du Scheiße!«. Eine aufgetakelte Emma und eine komplett durchgestylte Schauspielerin waren gar nicht sein Geschmack. Alex versuchte, das Gespräch in eine andere Richtung zu lenken, und dozierte über das Champions-League-Spiel vom vorangegangenen Mittwoch.

Ich setzte mich als höfliche Gastgeberin zu Emma und Connie und bewunderte ihre Fotos. Alle zeigten Emma mit jeweils einem Serienstar. Sowohl sie wie auch der jeweilige Star immer in bestimmten affektierten Posen, und zwar Frauen wie Männer. Aber professionell ausgeleuchtet und technisch perfekt waren die Fotos, da konnte man nichts sagen.

Am Ende des Wochenendes stellte ich mir und Connie folgende Frage: Was hat's gebracht? Denkt Emma nun anders über ihre Stars, über die Serie oder gar die Industrie, die dahintersteht? Die Antwort lautete: Eher nein. Im Gegenteil. Emma fühlt sich ihrer Serie mehr denn je verbunden. Und bei ihren Freundinnen kann sie jetzt richtig auftrumpfen, ein bisschen Glanz von der Serie ist auf sie übergegangen. Jetzt, wo sie ihre Stars leibhaftig kennengelernt hat ...

Fan-Bonding par excellence

Emma war ihren Heldinnen verfallen. Ich hätte ja gedacht, ihr wäre aufgegangen, dass das Ganze eine Pappmachéveranstaltung gewesen ist, eine Marketingaktion, um möglichst viel Merchandisingkrempel zu verkaufen und Fans noch enger an das Produkt, also die Serie, zu binden. Nicht einmal das ewige Warten an diesem Wochenende hat sie nachhaltig gestört. Kaum ausgeruht, hatte sie das schon unter »rituelle Handlungen« verbucht. Und sie hat neue Freundinnen aus dem gesamten Bundesgebiet gefunden, mit denen sie den neuesten Serienklatsch diskutiert – und sich schon für die Convention im nächsten Jahr anmelden will. Denn solche Serien fordern vom Fan natürlich, dass er in entsprechenden Chatforen unterwegs ist und via Instagram und Facebook jede noch so winzige Neuigkeit bemerkt, kommentiert und teilt.

STICHWORT:
MEDIENKOMPETENZ?

Zwei Jugendliche, zwei unterschiedliche Erfahrungen. Und dennoch hat sich mengenmäßig am Medienkonsum nichts geändert. Alex selektiert stärker, Emma auch. Sie lehnt nämlich andere Serien mittlerweile komplett ab. Beide aber lassen sich vom Sog der digitalen Geräte anlocken wie Fruchtfliegen von Orangensaft. Ist ihnen deswegen die Medienkompetenz in die Wiege gelegt? Nee, eher nicht.

WAS BEDEUTET MEDIENKOMPETENZ?

Medienkompetenz bedeutet: sinnvoller Umgang mit Medien. Und der beinhaltet gemäß der BZgA Folgendes:

◇ für sich selbst Sinnvolles und Interessantes aus dem großen Medienangebot auszuwählen, statt wahllos zu konsumieren,

◇ die Inhalte einzuordnen und zu verarbeiten,

◇ Medienangebote und Werbung kritisch zu beurteilen,

◇ Medienbotschaften zu hinterfragen und sich nicht von der Anziehungskraft von Medienklischees einfangen zu lassen,

◇ Medien auch dazu zu nutzen, kreativ zu sein und sich mit anderen auszutauschen.

Denn der selbstverständliche Umgang mit PC, Tablet und Smartphone ist bestenfalls eine Gerätenavigationskompetenz. Man findet sich halt auf dem Ding zurecht und kann flott die richtige Anwendung finden.

Was genau bedeutet das? Man denkt ja, dass das so kompliziert nicht sein kann und überhaupt doch ganz logisch ist, gewissermaßen »kinderleicht«. Meinen Kindern habe ich es mit einem Besuch in der Stadtbücherei veranschaulicht, Bücher sind ja immerhin auch Medien. Man steht dann also als neunjähriger Grundschüler nachmittags um drei in der Stadtbücherei und soll etwas herausfinden über, sagen wir beispielsweise, die Ernährung von Blauwalen. Wo anfangen? Man fragt die Bibliothekarin, die wir hier als Suchmaschine benutzen (tut mir leid, politisch nicht ganz korrekt …). Die hat nicht viel Zeit, deutet in mehrere Richtungen, sagt: »Da vielleicht oder auch dort und ganz dahinten steht auch noch ein Buch mit einem Wal drauf, habe ich eben gesehen.« Man holt sich alles auf einen Tisch und dann hat man vielleicht zwanzig Bücher da liegen.

So. Und hier fängt dann die Medienkompetenz an: Wie unterscheide ich jetzt brauchbare von weniger brauchbaren Informationen, wichtige von unwichtigen?

BRAUCHBAR ODER UNBRAUCHBAR?

Fachliteratur für Biologieprofessoren oder Bilderbuch? Ein Roman mit einem Wal auf dem Titelbild? In der Stadtbücherei wird jedem klar, wie diese Medienkompetenz aussieht. Im Internet funktioniert es exakt genauso. Bloß sieht halt in der Suchmaschine auf den ersten Blick alles gleich aus. Da fällt das Unterscheiden schwerer und auch Zusammengestümpertes erscheint einem online gleich viel professioneller.

Deswegen ist es mit der Medienkompetenz so eine Sache. Mit der Wii oder bei WhatsApp hat die noch keiner erlernt –

oder nur auf die harte Tour, dass nämlich weitergepostete Sachen wehtun können. Zur Medienkompetenz gehört zu entscheiden: Was brauche ich und was brauche ich nicht? Ist das die Wahrheit oder ein Gerücht? Ist das eine Information oder Klatsch und Tratsch? Müssen andere das wirklich wissen?

Vieles ist einfach eine Frage von Erfahrung, Lebenserfahrung. Weswegen es tatsächlich angeraten ist, Medienkompetenz im Familienkreis zu erlernen und da auch mal richtig blöde Fragen stellen zu dürfen. Oder auch sagen zu können: Oh, da hab ich Scheiß gebaut! Das kann in kaum einer Schule aufgefangen werden, denn wir alle wissen: Kinder können grausam sein.

AUF DER GAMESCOM:
GANZ ANALOG UNTERWEGS

Die meisten Eltern sehen mit zunehmender Besorgnis, wie ihre Kinder immer mehr in virtuelle Welten verschwinden. So auch wir, die Familie Brandt. Die analogen Spielzeuge wandern in den Keller und das Kind vors Smartphone oder an den Rechner. So war ich noch froh, als sich Jonas zu Weihnachten Lego Minecraft wünschte. Immerhin etwas, das er anfassen kann, dachte ich. Doch das Ganze stellte sich als echte Fehlinvestition heraus. Nachdem die Steine einmal zusammengesetzt worden waren, verstaubte das Artefakt erst auf der Fensterbank, dann im Regal, wo es im Lauf der Zeit mehr und mehr zu zerbröseln begann, je öfter es hin und her geschoben wurde. Mit den Möglichkeiten des virtuellen Spiels kamen die Legosteine einfach nicht mit. Keine Verwandlung, keine beliebige Vervielfältigung war möglich, und so ging die Bauwelt am Rechner fast nahtlos weiter. Analog war abgeschrieben. Umso erstaunter war ich, als eines Tages ein ganz analoger Ausflug geplant wurde: »Mama, wir fahren zur Gamescom!« Ich frage irritiert nach: »Ist die nicht in Köln?« »Ja, na und?«, ist ihre lässige Antwort. Ich muss dazu sagen, dass meine Zwillinge sonst nicht für große Ausflüge zu haben sind, und schon gar nicht so auf eigene Faust. »Wie kommt ihr denn dahin?«, frage ich. »Na, mit dem Zug oder der S-Bahn!«, ist die selbstverständliche Antwort. »Und ganz alleine?« Ich wundere mich weiter über diesen plötzlichen Aktivitätsschub meiner sonst mit dem Smartphone fest mit Sofa oder anderen Liegegelegenheiten verbundenen zwölfjährigen Kinder und biete an, mit ihnen dorthin zu fahren.

Mama allein zu Hause

»Nö, Mama, du brauchst nicht mitzukommen, Andi kommt mit.« Andi ist der FSJler in Jonas' und Elias' Schulklasse und außerdem ausgebildeter Erzieher. »Aha«, sage ich da nur. Denn ich würde ungern meine Kinder quer durch Nordrhein-Westfalen schicken, die sonst nie auf sich selbst gestellt unterwegs sind und normalerweise noch nicht einmal ohne meine Begleitung zum Zahnarzt gehen wollen. Aber die Gamescom ist ganz und gar nicht Zahnarzt, das merke ich schnell.

Dann ist der große Tag da. Als ich versuche, Jonas und Elias als besorgte Mutter noch mal dazu zu verpflichten, mir sofort Bescheid zu geben, wenn sie in Köln angekommen sind, merke ich: Die beiden reagieren überhaupt nicht mehr, haben völlig auf Gamescom umgeschaltet, was auch bedeutet: Mama existiert gar nicht mehr. Alle Energie ist aufs Ziel ausgerichtet. Sie schultern ihre neu angeschafften Faltklappstühlchen und sind weg, verschwinden in der Bahnhofshalle.

Aber ich werde nicht im Stich gelassen, zuerst erreicht mich per WhatsApp eine Ankunftsmeldung der Reisegruppe und später von den beiden Jungs ein Foto nach dem anderen von ihrem Event: mit Gamescom-Bändchen geschmückte Handgelenke, später noch jede Menge Selfies mit wechselnden echten YouTubern, vor völlig überfüllten Messehallen, MarioCart im Großformat und – wie kann es anders sein – Call-of-Duty- und

NBA-Aufstellern. Schließlich sehe ich die beiden – ach, guck an – mit neuen Pikachu-Mützen. Da sind sie dann doch noch Kinder … Spaß scheinen alle zu haben, sogar Andi.

Und spät am Abend nehme ich sie an der U-Bahn-Haltestelle wieder in Empfang. Und meine Jungs sind stolz wie Oskar und haben jede Menge zu berichten.

Die Besucherzahlen der Gamescom lagen im Jahr 2016 bei 345 000, das macht durchschnittlich 69 000 Leute pro Tag.

Die Autogrammkarten der YouTuber, die jetzt ihre Zimmer schmücken, werden vielleicht irgendwann im Müll landen, aber die Erfahrung, dabei gewesen zu sein, ist unersetzlich. Und auch, denke ich, gesehen zu haben, dass ihre YouTuber keine Übermenschen sind, sondern normale Leute. Kein YouTube-Video von der Gamescom kann das »Bad in der Menge« ersetzen, das ist offensichtlich. Und selbst wenn das Treffen von Minecraft-Freunden, die sich nur als Klötzchenmänner kennen, in diesem Jahr nicht zustande gekommen ist – sie konnten nämlich ganz analog erst am nächsten Tag kommen, weil die Anfahrt so lang war –, nächstes Jahr ist ja wieder eine Gamescom.

Und das ist schon bei beiden beschlossene Sache, Hauptsache, die Geschichte geht weiter …

MITEINANDER STATT ALLEIN

Da Carl findet, dass seine Jungs nicht nur daddeln, sondern auch wissen sollen, was sie da tun, und sich mit den Geräten auskennen sollen, sprich, mit der Hardware und allem, was damit zusammenhängt, ist sowieso klar, dass alle ihre Geräte selbst zusammenstöpseln können. Und es reichte ihm auch nicht, dass alle dabei zugesehen haben, wie einer unserer Rechner Linux aufgespielt bekommen hat und so die ersten DOS-Befehle gelernt hat. Immerhin haben wir, was in dem Fall ein echter Vorteil ist, einen Experten zu Hause. Doch manchmal sind seine Pläne auch ein wenig zu hochfliegend im Verhältnis zur Zeit, die dafür aufgewendet werden muss und die er oft nicht hat.

TEST 27: DER ARDUINO-ADVENTSKALENDER

Im Herbst wurde bei uns also eine Arduino-Plattform angeschafft. Ein solcher Mikrocontroller, wie mir Carl erklärt, ist zum Beispiel in einem elektrischen Gerät wie einer Spülmaschine enthalten und bei uns träumt man davon, unser Ding so zurechtzuprogrammieren, dass es anschließend sogar eine Drohne steuern kann. Ich war auf jeden Fall schon mal nicht in der Lage, hier hilfreiche Assistentin zu spielen.

Elias, der mit seinem Papa bereits an der Plattform gebastelt hatte, wobei die beiden immerhin kleine LED-Lämpchen zum Leuchten gebracht hatten, bekam quasi als Verstärkung schließlich vor Weihnachten einen Arduino-Adventskalender geschenkt, der diverse bunte Drähtchen enthielt. Ich hatte überhaupt nicht die blasseste Ahnung, was daraus wohl mal werden sollte – und Elias wohl auch nicht. Denn irgendwann nach Weihnachten ist die Sammlung leider in der Schublade gelandet, weil sein Papa einfach nicht genug Zeit hatte, um sich darum zu kümmern.

FAZIT:

Das Projekt ist leider gründlich schiefgegangen. Bei Hardware- oder Programmierexperimenten geht ohne kundigen und zeitaufwendigen Elterneinsatz eben leider nichts.

Aber es sollte doch noch mehr passieren, und so hat der Papa mit Ben und Elias, die beide Lust dazu hatten, mit Hilfe eines Bucsh namens *Python* herumexperimentiert und zusammen mit den Jungs erste kleine Rechenprogramme entwickelt. Egal, ob es soch dabei um kleine Programmierexperimente handelte oder einfach nur Rumprobieren mit Word oder einem Malprogramm oder auch Filme drehen mit dem Smartphone, es ging hier vor allem um die gemeinsamen kreativen Projekte von Papa und Kindern.

Natürlich muss nur deswegen, weil sich jetzt alles digitalisiert, nicht jedes Kind um jeden Preis programmieren lernen. Wer aber einen Draht und Lust dazu hat, der sollte auch nicht daran gehindert werden, seine Ideen umzusetzen. Mittlerweile gibt es in vielen größeren Städten auch Digitalwerkstätten für Kinder, wo auch für Jüngere Programmier- oder Codingkurse als spielerischer Einstieg in die Materie angeboten werden. Auch gemeinsame Eltern-Kind-Kurse werden angeboten (siehe Anhang, Seite 188).

IMMER ONLINE, IMMER ALLEIN?

Virtuelle Räume erlauben einen Rückzug von der uns umgebenden Realität, sie sind exklusiv für den Betrachter, zu zweit geht vielleicht gerade noch der Blick

Die Antwort des Experten ist ein deutliches »Nein«. Er findet kaum Anhaltspunkte dafür, dass weniger Kommunikation stattfindet, eher umgekehrt, und das bei Jungen wie bei Mädchen.

aufs selbe Gerät, aber nur wenn der Besitzer es zulässt. Man klinkt sich aus. »Immer online, immer allein?«, fragt der Kommunikationspsychologe Markus Appel. Und ich erwarte mir von ihm mehr Aufschluss darüber, ob meine Kinder an ihren Geräten vereinsamen.

Virtuelle Freunde = analoge Freunde

Ich selbst erlebe es in unserem Umfeld so: Die meisten virtuellen Freunde, mit denen meine Kinder online spielen, kennen sie persönlich. Ben verabredet mit seinen Schulkumpels gemeinsame Spielzeiten. Se haben sich beispielsweise eine eigene Map geschaffen, auf der sie spielen. Ich beobachte auch, dass das Spiel mehr Spaß macht, wenn sich die Spieler persönlich kennen und einschätzen können, weil sie sich dann gegenseitig unterstützen. Sie lernen sich auch besser kennen, wenn sie zusammen spielen, denn die Spielzüge des anderen lassen ja auch Rückschlüsse auf dessen Charakter zu, und sprechen hinterher – ganz analog in der Schule – über ihre Strategien. Jonas, der oft mit einem festen Team spielt, sagt, dass ihm das Spiel viel mehr Spaß macht, wenn seine (analogen) Freunde mit ihm spielen.

Auch bei uns, Familie Fuchs, läuft das nicht anders: Alle Freunde, die meine Kinder virtuell haben, sind (oder waren) echte, analoge Freunde. Nur wohnen ein paar inzwischen in einer anderen Stadt oder gehen in andere Schulen, sodass man sich kaum noch sieht und so Kontakt halten kann.

TEST 28: LIFE HACKS

Am besten finde ich es jedoch, wenn die Kinder selbst aus Digitalem wieder Analoges machen. Das Ganze nennt sich Life Hacks und ist für Menschen in der Elterngeneration sicher nichts Neues. Früher standen solche Informationen in Büchern mit sprechenden Titeln, wie zum Beispiel »Nicht verzagen, Oma fragen«. Oder man hat sich ein Kochbuch gegriffen. Heute werden diese Inhalte eben auf YouTube dargeboten. Da lernt der interessierte Zuschauer zum Beispiel, dass eine Banane viel einfacher zu öffnen ist, wenn man von unten anfängt. Aber bisher habe ich jedoch nur erlebt, wie sich meine Kinder über all diese Videos lustig machen. Umso erstaunter war ich eines Tages, als ich plötzlich nach Zucker gefragt wurde.

Aus digital wird analog

»Was wollt ihr denn damit?«, frage ich und zeige auf die Schublade. Hier bei uns zu Hause wird schon mal selbst gekocht, auch von den Kindern, aber bisher sind ihre kreativen Küchenprojekte auf Nudelgerichte beschränkt geblieben. »Limonade wird das«, bekomme ich die Auskunft und sehe staunend zu, wie meine tastaturfixierten Sprösslinge nun Orangen auspressen und Zitronen sowie jede Menge Zucker und Wasser in einer Karaffe verrühren. »Und woher wisst ihr, wie das geht?« Die Antwort ist eigentlich klar: »YouTube, Mama!« Schließlich darf ich auch mal probieren: Puh, ist die süß!

Aber auch auf ganz andere Art und Weise werden YouTube-Videos bei uns genutzt, nämlich als praktische Ergänzung zum Schulunterricht. Und das war nicht meine Idee! Da lassen sich meine Kinder kurz vor der Lateinarbeit den Ablativus absolutus einfach noch mal per Video erklären und Matheprobleme sehen mit vertiefenden Videos und Musterlösungen auch gar nicht mehr so kompliziert aus.

FAZIT:

Eins ist klar: An ein Leben mit digitalen Anregungen werden wir uns alle gewöhnen müssen, sowohl Geräte als auch Inhalte werden zu unserem Leben dazugehören. Wie wir aber damit umgehen und welche Auswahl wir jeweils treffen und wie wir unseren Kindern beibringen, für sie die richtige Auswahl zu treffen, das ist ganz allein unsere Sache. Und wir sollten unsere Wahlmöglichkeiten in Anspruch nehmen.

Unser Survival-Guide für Eltern

Ein Resümee.
Was muss alles mit auf die Digitalisierungsarche?
Werden wir alle Zauberer?
Simple Lösungen, die es (leider nicht) gibt.
Was wir für unsere Kinder tun können:
Zwölf Anregungen, die für alle passen.

SCHIFFE BAUEN, NICHT DEICHE

Unsere Welt wird immer schneller, effektiver und auch vielfältiger. »Digitalisierung« ist das Stichwort, das unser aller Leben verändert und weiter verändern wird. Und unsere Kinder proben dafür. Denn sie werden in einer sehr andersgearteten Welt leben müssen. Das sollen sie auch, aber hier tut Orientierung not. Wie können wir unseren Nachwuchs schützen und zugleich auf die neuen Herausforderungen vorbereiten, wie ihnen helfen, einen adäquaten Umgang mit der digitalen Welt zu entwickeln? Gunter Dueck sagt: »Bei einer Sintflut muss man Schiffe bauen, nicht Deiche.« Das wollen wir auch. Unsere Digitalisierungsarche soll das Gute mitnehmen und dafür sorgen, dass wir und unsere Kinder nicht in Informations- oder Daddelfluten untergehen. Schon sind manche Jugendlichen nicht mehr in der Lage, jemand anderen ganz analog anzuschauen.

LERNEN WIR JETZT ALLE ZAUBERN?

Dabei ist die Digitalisierung auch ein großes Versprechen. Ein sehr positives Bild für das, was uns bevorsteht, zeigt uns die Welt von Harry Potter, denn sie ist nichts anderes als eine digitale Idealwelt. Zeitungen werden zu bewegten Bildern, es gibt lebende Zugangskontrollen, Autos haben ihren eigenen Kopf, Dinge erledigen sich von Zauberhand und Mrs Weasley weiß immer, wo ihre Kinder sind. Also, vorbereitet sind wir, und wir wollen nicht als Squibs (unfähige Zauberer) enden.

Wir beide haben bei unseren Tests viel gelernt. Und wir haben uns verändert, unsere Familien haben sich verändert. Seit wir nicht mehr im Nebel herumstochern, sondern wissen, wo und warum wir beim Handy- und Internetkonsum Grenzen setzen, können wir das auch mit größerer Souveränität tun. Unseren Kindern können wir jetzt besser erklären, warum wir manchmal einen Riegel vors digitale Schlaraffenland schieben, und wir sprechen viel mehr mit unseren Kindern, über virtuelle wie auch analoge Dinge, haben mehr über gemeinsame Interessen herausgefunden. Wir wollen es nach wie vor nicht hinnehmen und sehen auch keinen Grund dazu, dass die digitalen Dinger einen Großteil der Aufmerksamkeit von unseren Kindern fordern. Wir können uns jetzt denken, weshalb sehr viele Topmanager aus dem Silicon Valley, dem Epizentrum des Digitalen, ihre eigenen Kinder in Waldorfschulen schicken, wo sie mit den Händen Naturmaterialien bearbeiten, statt auf Tablets herumzuwischen. Gerade diese Eltern, die sehr genau wissen, was elektronische Medien können.

Oder wird es uns zu viel?

Eigentlich sind Computer und Smartphones erfunden worden, um uns das Leben zu erleichtern und uns mehr freie Zeit zu verschaffen. Das war der Plan. Aber er ist nicht aufgegangen. Das Handy ist mit dem Internet eine explosive Allianz eingegangen und das so entstandene Smartphone ist nicht nur für Kinder ein großer Verführer. Es geht nicht ohne das Ding, aber

Roger Willemsen sagte dazu: »Unsere Existenzform ist die Rasanz.« Wird alles immer schneller und schneller, globalisierter, digitalisierter, wie gehen wir damit um?

mit dem Ding geht gar nichts. Es verleitet uns, Dinge zu lesen, die uns nicht interessieren; Spiele zu spielen, die wir im Grunde doof finden; Leuten zu schreiben, denen wir normalerweise nicht mal Hallo sagen würden. Und das Smartphone hält uns alle – Eltern wie Kinder – davon ab, das zu erledigen, was wichtiger für uns wäre: unsere Arbeit, das Geburtstagsgeschenk für die Freundin besorgen, Hausaufgaben machen … Aber wir sind ja permanent beschäftigt.

Wir kommen nicht zur Ruhe. Und wir wissen (noch) nicht genug, um die unendlichen Möglichkeiten zu nutzen, statt uns von ihnen versklaven zu lassen, wo aber fangen wir an? Ist es schon so weit, dass wir Wichtiges und Unwichtiges nicht mehr voneinander unterscheiden können?

VORSICHT, HOCHSPANNUNG!

In Erich Kästners 80 Jahre altem Buch *Der 35. Mai* gibt es in der Stadt Elektropolis bereits selbstfahrende Autos, ein Mann trägt ein Telefon in seiner Manteltasche. Die Zeitung erscheint papierlos am Himmel, riesige Verwertungsfabriken sorgen für die Ernährung der Menschen. In dieser Stadt müssen die Menschen nicht mehr lang arbeiten, nur noch zwölf Tage im Jahr. Das geht gut, bis eine so hohe Geschwindigkeit herrscht, dass alles im Chaos endet. Das wollen wir nicht. Deshalb schalten wir selbst zuerst mal unsere Smartphones aus.

Digitale Pausen sind essenziell

Wir alle brauchen Aufmerksamkeit und Achtsamkeit, Konzentration und Entschleunigung. Nichts davon finden wir online. Aber wir merken, dass sich unsere Akkus und die unserer Kinder wieder aufladen, wenn wir einfach nur spazieren gehen, wenn wir im Gras liegen und Wolkenformen anschauen, wenn wir Wetten abschließen, welche Schneeflocke schneller fällt, wenn wir stricken, gärtnern oder Mandalas ausmalen. Egal, was davon wir tun, es macht uns ruhiger. Wir merken es daran, dass zum

Beispiel alle besser und länger schlafen, wenn wir im Urlaub einen Abend lang MauMau spielen, statt fernzusehen. Das sind immer nur Momente, aber auch kleine Teile sind wichtig für das große Ganze. Doch die eine allgemeingültige simple Lösung gibt es leider nicht, denn jede Familie ist anders.

Wir beide setzen zunehmend auf die Selbstbestimmung und Selbstverantwortung unserer Kinder in gewissen Grenzen, auf Familienkonferenzen und auf viele Gespräche. Schließlich werden unsere Kinder selbst einen angemessenen Umgang mit der digitalen Welt entwickeln müssen. Wir können sie dabei nur unterstützen, beraten und schützen, wenn nötig.

Die folgenden zwölf Anregungen auf den nächsten Seiten sind die Quintessenz aus unseren Erfahrungen, damit sollten sich gute »Schiffe« bauen lassen.

ZWÖLF ANREGUNGEN

Die Empfehlungen, die wir hier zusammengetragen haben, sind die Ergebnisse aus Recherche, unseren persönlichen Erfahrungen in unseren Familien und Testergebnissen:

1. *Zwänge, Verbote und Belohnungen sind kontraproduktiv, klare Grenzen sind wichtig*
Jeder Zwang bezüglich digitaler Medien und jedes Verbot von Spielen oder Geräten ruft nur Trotzreaktionen hervor. Wichtiger ist es deshalb, den Fokus zu verlagern und den Kindern klar abgesprochene Grenzen zu setzen in Sachen Spieldauer. Scheitern und Nachverhandeln gehören übrigens mit zum Programm, insbesondere bei Teenies. Die sonst vielgelobte Konsequenz ist fürs familiäre Selbstvertrauen Gift.

2. *Familiäre Konflikte haben nichts mit den Geräten zu tun*
Konflikte zwischen Eltern und Kindern oder zwischen Geschwistern treten nicht deshalb auf, weil es Smartphone & Co. gibt, sie bieten sich nur als passender Dreh- und Angelpunkt an. Am besten kommt man mit den digitalen Hausgenossen zurecht, indem man ihnen einen festen Platz zuweist und anderen Dingen im Leben mehr Raum gibt. Jeder Konflikt ist eine gute Gelegenheit für alle, um wieder miteinander ins Gespräch zu kommen.

3. *So viel Kontakt und Kommunikation wie möglich*
Schenkt euren Kindern die nötige Aufmerksamkeit und echtes Interesse, an allem, was sie tun! Sprecht mit ihnen über alles und schafft zu Hause eine offene Gesprächsatmosphäre, in der auch einfach mal so über Ballerspiele und YouTube-Videos geredet –

und gelacht! – werden kann. Interessiert euch für das, was eure Kinder tun, was ihnen gefällt. Egal, was es ist – und erst mal bitte wertfrei (man muss trotzdem nicht alles toll finden, was das Kind macht).

4. So spät wie möglich eigene elektronische Geräte

Versucht, euren Kleinen im Kindergartenalter und in der Grundschulzeit möglichst viel natürliches Spiel zu ermöglichen. Das bedeutet auch, nicht aktiv den Kontakt mit den digitalen Medien und auch dem Fernsehen herzustellen. Geht zwanglos mit euren eigenen Geräten um: Wenn sich das Kind gern etwas auf Mamas Tablet anschauen möchte, ist das eigentlich ein ganz normales Verhalten. Als Babysitterersatz oder zur Ablenkung eines »störenden« Kindes sind Smartphone, Tablet und Co. völlig ungeeignet.

5. Selbstkompetenz fördern

Zu lange Daddelzeiten sind nicht gesund, denn das fortwährende Sitzen oder Herumliegen, konzentriertes Starren auf Bildschirme und gebeugte Körperhaltungen sorgen nicht für nachhaltiges Wohlbefinden, geschweige denn für ein langes, glückliches und erfülltes Leben. Versucht daher, die Zeiten für Elektoniknutzung individuell auf die Kompetenzen eures Kindes abzustimmen und festzulegen. Bringt ihm im Gegenzug auch bei, wie es selbst merken kann, wann es ihm zu viel wird und wie eine sinnvolle Pause aussehen kann. Elektronische Geräte haben unserer Ansicht nach im Schlafzimmer und beim Essen nichts zu suchen.

6. Aufklären wirkt!

Redet offen über die bestehenden Gefahren, aber zeigt auch Möglichkeiten auf, was das Kind selbst tun kann, um sich einen Ausgleich zu schaffen. Und steht zu euren Überzeugungen, denn Gesundheit ist nicht verhandelbar!

7. Selbstbestimmung ist wichtig

Gebt Rahmen und klare Grenzen vor, innerhalb derer das Kind selbst über seine Zeit verfügen kann und innerhalb derer es selbst entscheidet, was es wann und wie tut. Das spart Konflikte, stärkt das Kind, fördert seine Fähigkeit, eigene Entscheidungen treffen zu können, stärkt die Entwicklung des Selbstbewusstseins und das Kind lernt, ein Verantwortungsgefühl für sich selbst zu entwickeln.

8. Medienfreie Inseln im Alltag schaffen

Die Idee des dänischen Familientherapeuten Jesper Juul von der analogen Familieninsel (siehe ab Seite 77) hat uns überzeugt: Denn solche Inseln lassen sich ganz einfach in den Familienalltag integrieren. So sorgen beispielsweise gemeinsames Kochen und Essen für einen ungezwungenen Austausch miteinander und bringen zugleich auch mehr Entspannung in das alltägliche Nebeneinanderher. Gemeinsame (Lieblings-)Spiele machen auch noch Älteren Spaß. Beteiligt eure Kinder an Tätigkeiten für das gemeinsame Wohl der Familie, das können auch altersangemessene Haushaltspflichten sein. Wer sich in einer Gemeinschaft nützlich machen kann, fühlt sich zugehörig und gleichberechtigt.

9. Den Alltag entschleunigen

Volle Terminkalender und gestresste Eltern bringen auch gestresste Kinder hervor. Sorgt deshalb für Pausenrituale für euch alle, in denen echte Langeweile und damit kreative Entspannung möglich werden. Feste Zeiten im Tages- und Wochenrhythmus bringen Ruhe in den Alltag.

10. Digitale Sachkenntnis fördern

Eignet euch gemeinsam mit eurem Kind so viel altersgerechte Medienkompetenz wie möglich an, damit alle die Wahl haben, welche Möglichkeiten sie in diesem Rahmen nutzen. Ob ein Kind nun seinen PC selbst anschließt, Freizeitangebote im geplanten Urlaubsort recherchiert, mit dem Smartphone Filme dreht oder einen Virenscanner auf seinem Handy installiert – versucht auf jeden Fall, eure Medienkompetenz weiterzugeben – und wer weiß, vielleicht könnt auch ihr noch etwas von euren Kindern lernen!

11. *Analoge Herausforderungen*

Das echte Leben leben: Sportliche Aktivitäten gehen immer. Sich dabei eigene Ziele zu setzen und dafür zu trainieren, kann Spaß machen und bringt echte Erfolge. Insbesondere ein Mannschaftssport sorgt für soziale Anbindung. Dasselbe gilt auch für das Üben eines Musikstücks vom ersten Ton bis zur Konzertreife. Lernen für die Schule mag zwar unter Umständen eine zähe Angelegenheit sein, kann aber auch durch Erfolg in Form guter Noten belohnt werden. Analoge Herausforderungen sind vielleicht schwieriger zu bezwingen als ein Level im Computerspiel, aber auf jeden Fall nachhaltiger und prägender für eine Persönlichkeit.

12. *Souveräne Eltern, souveräne Kinder*

Wir sind alle keine Übermenschen und Eltern wie Kinder stehen heutzutage unter großem Druck. Schule, Beruf, Zukunft, das sind alles Unsicherheitsfaktoren. Was pädagogisch richtig ist oder nicht, darüber gehen die Meinungen in vielen Fällen weit auseinander. Experten haben also nicht in allen Fällen recht. Wir haben gelernt, dass es nicht schlimm ist, nicht in allem und jedem perfekt zu sein! Macht einfach zusammen mit euren Kindern das, was altersgemäß angemessen ist, was euch allen Spaß macht und was ihr sinnvoll findet, online wie offline, digital wie analog. Denn das gemeinsame Erleben zählt. Und tauscht euch mit anderen Eltern aus, denn jede Familie hat mehr oder weniger dasselbe Problem, eure Kinder sind garantiert nicht die Einzigen.

ALLE GOLDENEN REGELN
AUF EINEN BLICK

1. Zwang, Verbote und Belohnungen sind kontraproduktiv, Grenzen wichtig

2. Familiäre Konflikte haben niemals etwas mit den Geräten zu tun

3. So viel Kontakt und Kommunikation mit den Kindern wie möglich

4. So spät wie möglich eigene elektronische Geräte anschaffen

5. Selbstkompetenz fördern

6. Aufklärung wirkt!

7. Selbstbestimmung ist wichtig

8. Medienfreie Inseln im Alltag schaffen

9. Alles ist gut, was den Alltag entschleunigt!

10. Digitale Sachkenntnis fördern

11. Analoge Herausforderungen suchen

12. Souveräne Eltern, souveräne Kinder

BÜCHER, BEITRÄGE & LINKS, DIE WEITERHELFEN

Dueck, Gunter: **Flachsinn. Ich habe Hirn, ich will hier raus.** Campus

Häusler, Tanja und Johnny: **Netzgemüse. Aufzucht und Pflege der Generation Internet.** Goldmann

Juul, Jesper: **Dein kompetentes Kind. Auf dem Weg zu einer neuen Wertgrundlage für die ganze Familie.** Rowohlt

Ders: **Pubertät. Wenn Erziehen nicht mehr geht. Gelassen durch stürmische Zeiten.** Kösel

Milzner, Georg: **Digitale Hysterie: Warum Computer unsere Kinder weder dumm noch krank machen.** Beltz

Raether, Till: **Wir zwei gegen den Rest der Welt.** SZ-Magazin, Heft 44/2016, http://sz-magazin.sueddeutsche.de/texte/anzeigen/45179/Wir-zwei-gegen-den-Rest-der-Welt

Rogge, Jan-Uwe: **Pubertät. Loslassen und Haltgeben.** Rowohlt

Ders.: **Der große Erziehungs-Check. Die besten Konzepte im Vergleich.** J. G. Cotta'sche

Ross, Matt (Regisseur): **Captain Fantastic – Einmal Wildnis und zurück.** DVD

Spitzer, Manfred: **Digitale Demenz. Wie wir uns und unsere Kinder um den Verstand bringen.** Droemer

Stamm, Margrit: **Lasst die Kinder los. Warum entspannte Erziehung lebenstüchtig macht.** Piper

Willemsen, Roger: **Wer wir waren.** S. Fischer

Bücher aus dem GRÄFE UND UNZER VERLAG

Juul, Jesper: **Vier Werte, die ein Kind ein Leben lang tragen**

Kast-Zahn, Annette: **Jedes Kind kann Regeln lernen**

Linker, Christian: **Papa, was machen wir heute?**

Neuberger-Schmidt, Maria: **Kindern liebevoll Grenzen setzen**

Rogge, Jan-Uwe / Bartram, Angelika: **Wie Erziehung garantiert misslingt**

Danke

an unsere Kollegin, Agentin und Freundin Bettina, an Ute, Connie, Doro, Emma, Isabella, Susanne und alle anderen, die zu diesem Projekt beigetragen haben, an unsere Lektorin Anna Cavelius und unsere Redakteurin Claudia Böhm von GU und natürlich an unsere Männer und Kinder, die alle unsere Tests tapfer mitgemacht und durchgestanden haben.

Ella und Katrin

Dies.: **Wie Sie reden, damit Ihr Kind zuhört & wie Sie zuhören, damit Ihr Kind redet**

Saalfrank, Katharina: **Was Kinder brauchen**

Sobel, Alfred und Sylvia: **Pubertät für Anfänger**

Stamer-Brandt, Petra / Murphy-Witt, Monika: **Das kleine Erziehungs-ABC**

Zimpel, André Frank: **Spielen macht schlau**

LINKS, DIE WEITERHELFEN

Klicksafe.de bietet für Eltern und Kinder umfangreiches Material zum **Thema Mediennutzung** an, unter anderem auch den Mediennutzungsvertrag (auf der Elternseite). Ein umfassender Ratgeber für Eltern zum Thema Sucht mit Test, Adressen, Tipps findet sich unter: http://www.klicksafe.de/service/materialien/broschueren-ratgeber/internet-handy-und-computerspielabhaengigkeit/

Empfehlungen zu **täglichen Mediennutzungszeiten** für Kinder gibt es unter: www.kindergesundheit-info.de/themen/medien/alltagstipps.

Weitere, auch lustige **Detox-Ideen** für Jugendliche, auch zum Thema Smartphone finden sich auf der Website zur WDR-Sendung »Du bist kein Werwolf« in der Rubrik »Selbstversuche« http://www.wdr.de/tv/werwolf/themen/selbstversuche/ , und unter dem Stichwort »Telefonstapeln«.

Empfehlungen zu **Programmierkursen für Eltern und Kinder** gibt es unter: http://www.digitalwerkstatt.de/ oder http://www.nrw-forum.de/vermittlung.

SACHREGISTER

ALLE TESTS AUF EINEN BLICK

Die werden Sie auch lieben.

ISBN 978-3-8338-5969-4

ISBN 978-3-8338-6273-1

ISBN 978-3-8338-6219-9

ISBN 978-3-8338-5298-5

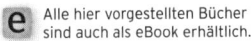 Alle hier vorgestellten Bücher
sind auch als eBook erhältlich.

Mehr von GU auf **www.gu.de** und
facebook.com/gu.verlag

Willkommen im Leben.

IMPRESSUM

© 2017 GRÄFE UND UNZER
VERLAG GmbH, München

Projektleitung: Claudia Böhm

Lektorat: Anna Cavelius

Layout: independent Medien-Design
GmbH, Horst Moser, München

Umschlaggestaltung:
Anzinger & Rasp, München

Herstellung: Petra Roth

Satz: Uhl + Massopust, Aalen

Repro: Repro Ludwig, Zell am See

Druck und Bindung: C.H. Beck,
Nördlingen

ISBN 978-3-8338-6250-2

1. Auflage 2017

Die **GU Homepage** finden Sie im
Internet unter **www.gu.de**

 www.facebook.com/gu.verlag

GRÄFE
UND
UNZER

Ein Unternehmen der
GANSKE VERLAGSGRUPPE

Liebe Leserin, lieber Leser,

haben wir Ihre Erwartungen erfüllt?
Sind Sie mit diesem Buch zufrieden? Haben Sie weitere Fragen zu
diesem Thema? Wir freuen uns auf
Ihre Rückmeldung, auf Lob, Kritik
und Anregungen, damit wir für Sie
immer besser werden können.

GRÄFE UND UNZER Verlag
Leserservice
Postfach 86 03 13
81630 München
E-Mail:
leserservice@graefe-und-unzer.de

Telefon: 00800 / 72 37 33 33*
Telefax: 00800 / 50 12 05 44*
Mo–Do: 9.00 – 17.00 Uhr
Fr: 9.00 – 16.00 Uhr
(* gebührenfrei in D, A, CH)

Ihr GRÄFE UND UNZER Verlag
Der erste Ratgeberverlag – seit 1722.

Wichtiger Hinweis
Die Gedanken, Methoden und
Anregungen in diesem Buch stellen
die Meinung bzw. Erfahrung der
Verfasserinnen dar. Sie wurden von
den Autorinnen nach bestem Wissen
erstellt und mit größtmöglicher
Sorgfalt geprüft. Sie bieten jedoch
keinen Ersatz für persönlichen
kompetenten pädagogischen Rat.
Jede Leserin, jeder Leser ist für
das eigene Tun und Lassen auch
weiterhin selbst verantwortlich.
Weder Autorinnen noch Verlag
können für eventuelle Nachteile
oder Schäden, die aus den im
Buch gegebenen praktischen
Hinweisen resultieren, eine Haftung
übernehmen.